Comitato di direzione
Editorial board
Gae Aulenti, Oriol Bohigas,
Mario Botta, Francesco Dal
Co, Ignasi De Solá Morales,
Kenneth Frampton, Bernard
Huet, Pierluigi Nicolin,
Christian Norberg-Schulz,
Werner Oechslin, Joseph
Rykwert

Direttore/Editor
Pierluigi Nicolin

Coordinatore editoriale/
Editorial coordinator
Georges Teyssot

Redazione/Editorial
Luca Ortelli
Alberto Ferlenga
Gabriella Borsano

Segreteria/Secretary
Laura Mantovani

Progetto grafico/Graphic
design
F.G. Confalonieri

Layout
Lotus studio

Produzione/Production
Gianni Gardel
Mario Faré, Angelo Mombelli,
Mario Pascuzzi (assistants)

Collaboratori/Contributors
D. Agrest, A. Anselmi,
U. Barbieri, E. Battisti,
M. Bédarida, M. Culot,
M. De Michelis, B. Fortier,
M. Gandelsonas, G. Grassi,
A. Grumbach, J. Gubler,
E. Guidoni, J. Hejduk,
J.P. Kleihues, H. Klotz,
R. Koolhaas, L. Krier, R. Krier,
J. Lucan, V. Magnago
Lampugnani, B. Minardi,
R. Moneo, A. Natalini,
R. Plunz, D. Porphyrios,
Ch. Portzamparc, F. Purini,
B. Reichlin, F. Reinhart,
U. Riva, A. Rossi, V. Savi,
M. Solá Morales,
D. Scott Brown,
A. Siza Vieira, J. Stirling,
M. Tafuri, O.M. Ungers,
A. van Eyck, F. Venezia,
R. Venturi, A. Vidler,
E. Zenghelis

Copertina/Cover
J. Stirling, M. Wilford and
Associates, Neue Staatsgalerie,
Stuttgart
(Photo G. Chiaramonte)

Traduzioni/Translations
G. Bersano, E. Brunoli,
L. Coeta, H. Evans, S. Marchi,
R. Sadleir

Rivista trimestrale di architettura
Quarterly Architectural Review

1984/3

Rivista fondata nel 1963
Review founded 1963
Registrata presso il Tribunale
di Venezia, con il n. 536/R.S.
Spedizione in abbonamento
postale: Gruppo IV
Direttore responsabile
Pierluigi Nicolin

Stampa
Fantonigrafica
Gruppo Electa
Martellago - Venezia
Printed in Italy

© Copyright 1984 by Gruppo
Electa spa

Electa Periodici s.r.l.
20134 Milano
Via D. Trentacoste 7

Presidente
Massimo Vitta Zelman

Direttore generale
Giacomo Pedersini

Coordinamento e diffusione
Sergio Vergani

Direzione, redazione,
amministrazione,
abbonamenti
20134 Milano
Via D. Trentacoste 7
Tel. (02) 236931
Telex 313123
TRADEX/ELECTA

Prezzo di un numero trimestrale:
Lire 24.000
Price of a quarterly issue:
Lit. 24.000

Abbonamento annuo (4 numeri):
L. 85.000
Estero: L. 110.000
Annual subscription (4 issues):
Lit. 85.000
Abroad: Lit. 110.000

Conto corrente postale
n. 24628208 intestato a
Electa Periodici srl Milano

Distributed by
Rizzoli International
Publications Inc. New York City

ISBN No. 0-8478-5393-4

Indice   Contents

L'architettura e le muse

Architecture and the Muses

Non sappiamo cosa sia passato realmente nella testa di James Stirling in questi ultimi anni; perché Stirling, forse diplomaticamente, ha taciuto o ha un po' mentito.
Adesso egli appare, non solo più vero che mai, ma con un'opera assai bella, forse bella in assoluto.
Possiamo credere che malgrado la caduta di ogni illusione culturale, la sua cultura sia rimasta intatta, sia pure come illusione: e in quanto tale ha raggiunto la perfezione formale di un oggetto, come di un meraviglioso fossile.
La cultura specifica di Stirling, che è quella di un architetto, liberatasi dalla sua funzione, dai suoi doveri, è diventata come una miniera abbandonata, in cui Stirling va a prelevare ciò che vuole. Ma che cosa vi preleva? Prima di tutto una scrittura incredibilmente leggera: la scrittura del gioco.
La seconda cosa che Stirling preleva dalla sua cava in disuso sono le tecniche dell'ambiguità. In ogni angolo dell'edificio ogni canone è sospeso, anzi motteggiato.
Il senso è come un'eco in una valle piena di grotte che risuona ora qua ora là, pur essendo sempre la stessa (vi compaiono i simboli di tutte le architetture possibili).
La terza cosa che Stirling estrae dalla sua miniera architettonica è il surrealismo. In questa multiforme galleria i segni non si spiegano mai attraverso se stessi, ma sono funzionali a quella folle ideologia multipla che contesta ogni possibile logica della ragione. L'effetto è quello di rendere surrealista, e forse per questo accettabile, la città reale. Ma questo scontro finisce per non risolversi storicamente in nulla.
Stirling sembra annunciare un modo di risolvere i problemi diluendoli all'infinito, fino a farne dei rottami a loro volta surreali.
N.B.: Queste parole sono traslate dalla critica di P.P. Pasolini a Le città invisibili *di Italo Calvino. Ma non ci lamenteremo, come altri, se Stirling ha usato "colpi bassi" per rendere scandalosamente seducente il suo edificio.*

Pierluigi Nicolin

We can't tell what's been going on in James Stirling's mind in recent years. Stirling, perhaps for diplomatic reasons, has either kept quiet about it or sidetracked.
Now he has emerged, not just truer than ever but with a work it would be grudging to describe as less than outstanding.
We are convinced that, despite the collapse of all cultural illusions, his culture has remained intact, though as illusion: and as such it has achieved formal perfection in an object, one that is like some marvellous fossil.
Stirling's specific culture is that of an architect, one that has freed himself from his function, from his duties: his culture has become like a derelict mine, where Stirling goes and picks up whatever he wants. But what does he pick up? First of all an incredibly light touch, playful in its lightness.
The second thing he brings from his derelict mineshaft are the techniques of ambiguity. In every cranny of the building, the canons have been abrogated, even mocked.
It's like an echo in a valley pitted with caves, rebounding first on one side then on another, yet remaining always the same (and it contains the symbols of all possible architectures).
The third thing Stirling takes from his architectural mine is surrealism. In this multiform gallery the signs are never self-explanatory but merely functions of that crazy multiple ideology that contests any possible logic of reason.
The effect is to render the real city surrealistic and so, perhaps, acceptable. But this clash ends up without resolving itself historically into anything.
Stirling seems to announce a mode of resolving problems by diluting them endlessly, until they become surreal scrap in their turn.
N.B. These words have been taken from Pasolini's critique of Italo Calvino's Le città invisibili. *But we are not going to complain – as others have – if Stirling has occasionally played foul to make his building so scandalously seductive.*

Il museo tedesco dell'architettura a Francoforte sul Meno

Il progetto di O.M. Ungers e la funzione del museo

The German museum of architecture in Frankfurt am Main

The project by O.M. Ungers and the function of the museum

Heinrich Klotz

La fondazione del museo

Nel gennaio del 1979 la città di Francoforte decideva, con delibera comunale, la fondazione di un museo dedicato all'architettura tedesca; veniva cioè fissata una cornice che offrisse la possibilità di assicurare un "foro" adeguato alla discussione, da tempo avviatasi a livello nazionale, sull'architettura dell'età contemporanea. La città di Francoforte, insomma, intendeva rispondere in questo modo al nuovo ruolo assunto dall'architettura nella vita culturale della Repubblica federale. L'occasione che ha portato alla fondazione di questo museo è quanto mai attuale. Occorre infatti che il dibattito, condotto in modo controverso negli anni passati, sulla priorità dei compiti sociali, tecnici o estetici del costruire avvenga in futuro all'interno di un'istituzione centrale. Il compito del Deutsche Architekturmuseum non sarà, tuttavia, quello di confermare le pretese di esclusività del discorso architettonico, bensì di visualizzare – mediante una proposta diretta all'opinione pubblica – la connessione di tutti i vari fattori, ovverossia l'intreccio dei compiti sociali e ecologici del costruire con le possibilità della tecnica costruttiva e con gli intendimenti sussunti nella forma architettonica.

L'intenzione di fondare un museo di architettura tedesca era sentita fin dal 1906, allorché 37 associazioni di architetti e ingegneri tedeschi presentarono un documento comune, l'ultima redazione del quale risale al 1913 (Edgar Holzapfel, *Die Errichtung eines Museums der Baukunst in deutsch-nationalem Sinne*, Marburgo, 1913); ma lo scoppio della prima guerra mondiale impedì la realizzazione del progetto.

Se oggi la fondazione di musei di architettura ritorna d'attualità in numerosi paesi, ciò accade sotto il nuovo e diverso segno dell'emergente sforzo di conservare e rinnovare il nostro ambiente costruito, con le preoccupazioni di tipo ecologico. Il concetto di architettura, assunto come tecnica della costruzione, procedette parallelamente alla ricostruzione del periodo post-bellico, mentre ora, soddisfatti i bisogni primari nell'ambito della casa, dell'ambiente di lavoro e dei servizi urbani, al centro dell'interesse – come avviene del resto in altri campi – si trovano le nuove esigenze poste da un ambiente divenuto più complesso perché costituito dalla combinazione di città e villaggio. Con ciò si avverte nel contempo l'esigenza di un'architettura che non sia pensata soltanto come soddisfacimento di pura utilità, ma che affronti altresì il compito architettonico di garantire all'ambiente una forma umana. Tale tematica costituisce l'odierna base operativa e programmatica del Deutsche Architekturmuseum.

Il museo deve attualmente assolvere il compito politico-

The foundation of the museum

In January 1979 the city of Frankfurt decided, at a council meeting, to set up a museum devoted to German architecture; thus a framework was established offering the possibility of providing a suitable "forum" for the debate, which has been going on for some time at a national level, over architecture in the contemporary era. The city of Frankfurt, in short, aimed to respond in this way to the new role assumed by architecture in the cultural life of the Federal Republic. The circumstances which led to the foundation of this museum are more relevant today than ever. What is needed in fact is for the debate, conducted in a controversial manner in recent years, over the priority of social, technical or aesthetic aims in building to take place in future within a central institution. The task of the Deutsche Architekturmuseum will not be, however, to confirm claims of exclusivity in architectural discussion, but to make visible – by means of a direct presentation to public opinion – the connection between all the various factors, in other words the interweaving of the social and ecological tasks of building with the possibilities of construction technique and the meanings subsumed in the architectural form.

The need to set up a museum of architecture was felt as far back as 1906, when 37 associations of German architects and engineers submitted a joint document, the final draft of which dates from 1913 (Edgar Holzapfel, *Die Errichtung eines Museums der Baukunst in deutsch-nationalem Sinne*, Marburg 1913); but the outbreak of the first world war prevented realization of the plan.

If today the foundation of museums of architecture has become a topical concern again in many countries, this has happened in the new and different circumstances of the growing effort to preserve and renovate our urban environment, in line with ecological preoccupations. The concept of architecture, taken as the technique of construction, progressed in parallel with the reconstruction of the post-war period, while now, having satisfied the primary needs of the housing sphere, working environment and urban facilities, the centre of interest – as is happening in other fields – has shifted to the new demands placed on an environment that has become more complex since it is made up of a combination of city and village. Along with this, attention is being given to the requirements of an architecture that is not conceived as the satisfaction of merely utilitarian needs, but which also tackles the architectural task of ensuring that the environment has a human shape. Such themes constitute

Photos by Giovanni Chiaramonte

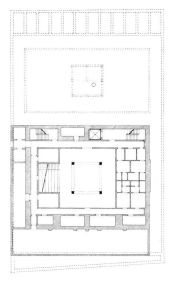

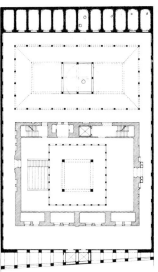

culturale di diffondere la concezione di un'architettura rispettosa dell'ambiente, intesa come azione o fatto architettonico. Come il museo Senckenberg di Francoforte si propone di diffondere con efficacia, con una serie di mostre, l'idea della tutela dell'ambiente sul piano della natura, al museo di architettura tedesca deriva il ruolo di visualizzare la medesima idea, ma sul piano della cultura. La conservazione del patrimonio architettonico monumentale, che negli ultimi anni è stata sostenuta con grande intensità dall'imperativo della conservazione e che – sovente a buon diritto – ha identificato la costruzione del nuovo con la distruzione dell'ambiente urbano, dovrebbe ora farsi da parte e lasciare il posto all'enunciazione delle possibilità del costruire moderno per un miglioramento dell'ambiente.

In questo complesso di interazioni, muta anche il tradizionale compito di un museo, inteso come luogo di pura e semplice raccolta e conservazione di oggetti d'arte. Il Deutsche Architekturmuseum intende infatti essere un luogo di discussione e di scambio di idee. La realizzazione di questo programma è possibile solo in collaborazione con le istituzioni e le organizzazioni cui, nella Repubblica federale, è demandato il compito di costruire.

Programma espositivo

"Tutto è architettura!" – sostiene l'architetto viennese Hans Hollein che, per illustrare il suo pensiero, colloca un modello di sezione accanto al padiglione di Otto Frei all'Expo di Montreal; è lo schema secondo il quale è stata tagliata la membrana della copertura della grande tenda. O forse è anche architettura l'arredo interno degli ambienti che può essere spazzato via con un soffio, trovare posto in una valigia che sostituisce così il camion del trasporto dei mobili? E le barche abitabili della baia di San Francisco, costruite artigianalmente dallo stesso proprietario, non sono forse architettura come i grattacieli di New York o le casette prefabbricate delle nostre cinture urbane? Non sono architettura le case mobili, fisarmoniche che una volta aperte e allargate, servono da alloggio ai contadini californiani nel periodo del raccolto? Architettura? Tutto è architettura?

La televisione con i programmi "Università in televisione" non sta sostituendo un rappresentativo edificio universitario? L'architettura è sul punto di venir meno? Non viene soppiantata completamente dai mezzi audiovisivi? L'essenza stessa di architettura, la città, non si sta disintegrando in un reticolo di comunicazioni? E la città non si sfrangia in un tessuto di condutture, sistemi di strade e di tubi, non si polverizza forse in uno sciame di questo e di quello, capannoni, contenitori, supermercati, aree di parcheggio e resti di natura? Non è prossima a "fare fagotto" e a decadere?

Gli interrogativi che si pongono sono tanti quanti sono i temi che possono occasionare una mostra nel museo di architettura. La suddivisione tematica dell'architettura, intesa come disciplina, può essere uno stimolo diretto per comprendere nello spettro tematico sia i problemi di *statica* e di *costruzione* sia la serie delle diverse tipologie: ponte, municipio, palazzo per uffici, ospedale, edificio industriale, casa unifamiliare, casamento con alloggi in affitto, ma anche pompe di benzina, parcheggi o le casette degli orti nelle periferie urbane e per il fine-settimana.

I temi della problematica attuale si presentano da soli: "Abitare nel centro urbano", "Zone pedonali", "Grattacieli nella Repubblica Federale", "Villaggio e città", ecc. Ma il passato ha dimostrato che non basta illustrare su una grande area espositiva una data tematica mediante gigantografie, che altrettanto bene potrebbero trovare posto in un libro (mostra= catalogo della mostra). Occorre anche usare tutte le possibilità garantite da una tecnica espositiva capace di dare vita alle immagini proposte.

Un museo di architettura non dovrebbe lasciarsi sfuggire la possibilità di illustrare le *varie ipotesi teoriche e programmatiche di singoli gruppi di architetti*. Le tendenze del costruire moderno, orientate spesso all'esclusività, possono essere così confrontate, proprio perché proposte in diretta successione. A differenza che in passato, l'architettura contemporanea si è sviluppata in senso pluralistico, sicché ora valgono criteri sovente contrapposti. Infatti, mentre a taluni interessano la natura del materiale e le possibilità della costruzione, ad altri preme invece quell'intenzione formale prioristica che tentano di imporre. Il Deutsche Architekturmuseum non può dunque rappresentare un unico dogma, come invece fanno a volte gli architetti. Esso aiuterà ad affermarsi ora questo ora quel progettista e sempre starà dalla parte di chi, di volta in volta, presenterà in mostra. Qualora organizzasse un'eposizione sugli "errori architettonici", si troverebbe però a non parteggiare per quegli architetti che disonorano la professione. Pertanto non risparmia critiche, né lo può, come non può esimersi da una certa parzialità programmatica. Ciò vale per il singolo càso, mentre per l'intero programma delle esposizioni deve rimanere vincolante l'alternanza delle posizioni, ovvero il criterio del pluralismo.

La parzialità sarà più forte laddove si tratti di architetti ancora sconosciuti e ingiustamente rifiutati. Perché il Deutsche

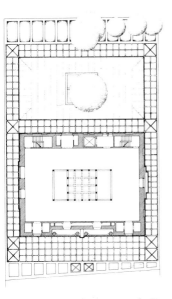

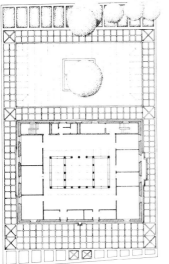

the present-day operative and programmatic basis of the Deutsche Architekturmuseum.

At present this museum must perform the politico-cultural task of promoting the idea of an architecture that is respectful of the environment, seen as architectural action or deed. Just as the Senckenberg Museum in Frankfurt effectively set out to spread – in a series of exhibitions – the idea of conservation of the environment on the plane of nature, the German museum of architecture finds itself in the role of visualizing the same idea but on the plane of culture. The preservation of the monumental architectural heritage, which has been kept up with great intensity over recent years by the imperative of conservation and which – often with good reason – has identified construction of the new with destruction of the urban environment, should now step aside and make room for exploration of the positive potential of modern building for improvement of the environment.

In this set of interactions, even the traditional function of a museum, seen purely and simply as a place for the collection and preservation of objects, changes. The Deutsche Architekturmuseum sets out to be a place for discussion and the exchange of ideas. Realization of this aim is only possible in collaboration with the institutions and organizations to which, in the Federal Republic of Germany, the task of building is entrusted.

Exhibition programme

"Everything is architecture!" claims the Viennese architect Hans Hollein who, to illustrate his point, set up a *cutaway model* next to Otto Frei's Expo-Zelt in Montreal; this exposed the section along which the roofing membrane of the dome was cut. Or is not the interior decoration of rooms, which can be swept away by a breath of wind or put inside a suitcase instead of a removal van, architecture as well? And the houseboats in the bay of San Francisco, hand-built by their owners: are they not architecture just like the skyscrapers of New York or, even, the prefabricated houses of our urban belts? Are not those portable accordions which, opened and extended, serve as housing for Californian farm-workers in the harvest season, architecture? Is everything architecture?

Do not the "Open University" programmes on television replace a representative construction? Isn't architecture fading away? Won't it be completely supplanted by audiovisual media? The very essence of architecture, the city, isn't it

disintegrating into a network of communications? And isn't the city fraying into a tissue of wires, road systems and tubes, being pulverized into a swarm of this and that, storehouses, containers, supermarkets, car parks and scraps of nature. Isn't it close to "packing it in" and decaying?

The questions that arise are just as many as the themes on which an exhibition in a museum of architecture can be based. The systematic subdivision of architecture, as a discipline, can be a direct stimulus to understanding across the whole spectrum of themes, the problems of *statics* and *construction* as well as the range of *different types of construction*: bridges, town halls, office blocks, hospitals, factories, single-family houses, blocks of flats for rent, not to mention petrol pumps, car parks, huts in suburban allotments and weekend houses.

The themes of the present-day problems are obvious: "Living in the city centre," "Pedestrian zones," "Skyscrapers in the Federal Republic," "Village and city," etc. But the past has shown that it is not enough to use a large exhibition area to illustrate a given theme with gargantuan graphics that would go just as well in a book (exhibition = exhibition catalogue); what is needed instead is to use all the possibilities offered by a display technique that is capable of bringing the images to life.

A museum of architecture should not let slip the possibility of illustrating the *various theoretical and programmatical hypotheses of individual groups of architects*. The trends in modern construction, often biased towards exclusivity, can in this way be compared, simply by being presented in direct succession. Unlike in the past, contemporary architecture has developed in a pluralistic direction, so that often opposing criteria now hold good. In fact, while some people are interested in the nature of the material and the possibilities of construction, others are more concerned with the fundamental significance of the form they are trying to impose. Hence the Deutsche Architekturmuseum cannot, as architects sometimes do, put forward a single dogma. It will help to make a name for now one designer, now another, and will always take the side of whoever is putting on an exhibition at any one time. When, however, it organizes an exhibition on "architectural mistakes" for example, it will have to avoid taking sides with those architects who dishonour the profession. Hence it will not spare its criticism, nor can it, as it cannot shirk a certain amount of programmatic partiality. This holds for individual cases, whereas for the programme of exhibitions as a whole the alternation of positions must

Architekturmuseum si propone di essere anche un terreno sperimentale: non ignorerà i progettisti famosi, ma nel contempo reclamizzerà coloro che sono ancora ignoti; viene pertanto a svolgere il compito che è proprio delle gallerie private nell'ambito delle arti figurative. Anche per gli architetti occorre infatti realizzare, e in numero sempre maggiore, quelle "personali" che sono ovvie e scontate in pittura e scultura. Il museo di architettura rappresenterebbe contemporaneamente l'unico luogo nella Repubblica federale, in cui sussista l'occasione di informare in modo costante sul lavoro degli architetti e irradiare stimoli atti a elevare il generale livello architettonico.

Con questo programma si assegna un peso particolare alle possibilità e agli sviluppi dell'architettura dell'età contemporanea. Ma non è lecito trascurare nemmeno l'architettura storica, e difatti, come le "personali" informeranno sulle opere significative dell'architettura recente, verrà proposta anche l'opera di Bramante o di Mansard, di Schinkel o di Fischer von Erlach a testimonianza dell'architettura delle epoche passate; solitamente sono i centenari a fornire l'occasione per tali retrospettive. Queste mostre possono essere organizzate anche in collaborazione con altri musei o istituzioni. Il Deutsche Architekturmuseum sfrutterà l'occasione per partecipare a gruppi di mostre.

Una possibilità convincente di presentare l'architettura storica è garantita dalla possibilità di esporre i modelli, recentemente realizzati, di insediamenti umani storici. Grandi panorami, che raffigurino in scala ridotta i primi insediamenti del neolitico e, in successione storica, consentano il confronto con gli agglomerati urbani delle prime civiltà evolute (le aree dei templi greci, gli insediamenti militari romani, la città medievale che gravita intorno alla cattedrale e quella rinascimentale interamente pianificata, la residenza imperiale-assolutistica del barocco e infine la città moderna), sono di estrema rilevanza pedagogica perché riescono a visualizzare lo sviluppo diacronico degli insediamenti umani.

Fanno parte dell'architettura gli *oggetti dell'abitare* e *di uso domestico* e, in una certa misura, anche l'*industrial design*. Dato che nel museo di artigianato d'arte, situato nelle immediate vicinanze, esiste una significativa raccolta di mobili storici, il museo di architettura può limitare la propria attenzione alla produzione di mobili e all'industrial design del XX secolo.

Pubblicazioni

Il Deutsche Architekturmuseum, in collaborazione con la casa editrice Vieweg, pubblica lo *Jahrbuch für Architektur*

che si propone di informare sui più recenti sviluppi nell'ambito della progettazione architettonica. Lo scopo precipuo dell'annale è quello di dare notizie aggiornate sui materiali impiegati nell'architettura del XX secolo e, sulla scorta di un pregevole materiale illustrativo, fornire un panorama esaustivo delle differenti tendenze architettoniche contemporanee. Le mostre del Deutsche Architekturmuseum sono accompagnate da cataloghi. Il programma delle pubblicazioni del museo è completato da una collana di scritti sulla storia dell'architettura e sulla teoria architettonica.

Biblioteca

La biblioteca del museo comprenderà pubblicazioni di storia dell'architettura a partire dal 1800 circa; il baricentro sarà costituito dalla teoria architettonica. Si intende anche riunire, in un unico luogo, i vari autori e le edizioni risalendo fino a Vitruvio e a Alberti, giacché nella Repubblica federale manca un centro di studi di teoria dell'architettura. Rilevanza particolare avrà la sezione periodici che renderà accessibile uno spettro il più possibile ampio di pubblicazioni internazionali (riviste, annali, bollettini di informazione, ecc.).

Fototeca

La biblioteca è completata da una fototeca e da una raccolta di diapositive sull'architettura contemporanea. Il museo raccoglierà ampie documentazioni fotografiche sulle opere degli architetti. Sono disponibili inoltre serie di diapositive per l'insegnamento scolastico e possibili le richieste di materiale fotografico sulla architettura contemporanea in collaborazione con il Bildarchiv Foto Marburg.

La collezione dei progetti

Il centro focale delle collezioni del Deutsche Architekturmuseum è rappresentato dalla raccolta dei progetti e dei plastici relativi all'architettura del XIX e del XX secolo. Finché l'opera architettonica venne ritenuta una sorta di prodotto tecnico, anche i progetti e i disegni sembrarono pure e semplici disposizioni di cui si doveva tenere conto nel momento della costruzione e, troppo spesso, venivano distrutti una volta terminati i lavori o semmai archiviati senza cura. Era la stessa concezione di architettura dei decenni passati a provocare questo comportamento. Tuttavia ciò che a noi sembra ovvio e banale per le epoche storiche dell'architettura, ad esempio per il rinascimento, il barocco e il neoclassicismo, dovrebbe essere considerato opportuno anche per l'architettura del recente passato: è la raccolta dei disegni di progetti,

remain a binding condition; in other words the criterion to be followed is that of pluralism.

Partiality will be stronger when it is a question of as yet unknown or unjustly spurned architects. For the Deutsche Architekturmuseum also aims to be an experimental ground; it will not ignore famous architects, but it will at the same time promote those who are still unknown. Thus it will perform the task normally undertaken by private galleries in the sphere of the figurative arts. In fact it ought to be made possible for an increasing number of architects to hold those "one-man shows" which are taken for granted in painting and sculpture. Temporarily the museum of architecture would represent the only place in the Federal Republic which offers an opportunity to provide information in a constant fashion about the work of architects and stimulation aimed at raising the general level of architecture.

In this programme special emphasis is laid on possibilities and developments in the architecture of the contemporary era. But it would not be right to neglect historical architecture and in fact, just as the "one-man shows" provide information about significant works of recent architecture, there will also be exhibitions displaying the work of Bramante or Mansard, Schinkel or Fischer von Erlach as a testimony to the architecture of past ages; centennials will usually provide the occasion for retrospectives like these. Such exhibitions can also be organized in collaboration with other museums or institutions. The Deutsche Architekturmuseum will sieze the opportunity to participate in series of exhibitions.

One interesting possibility for the presentation of historical architecture is that of putting on show recently constructed models of historical human settlements. Large panoramas, that depict on a reduced scale the early towns of the neolithic era and, in historical succession, the urban agglomerations of the first evolved civilizations (Greek temple areas, Roman military encampments, mediaeval cities centred on their cathedrals and the comprehensively planned one of the Renaissance, the absolutist imperial residence of the baroque era and finally the modern city), they are extremely valuable as teaching aids in that they manage to represent visually the diachronic development of human settlements.

Part of architecture is made up of *objects of living* and *of domestic use* and, to a certain extent, *industrial design* as well. Given that there is a significant collection of historic furniture in the nearby Museum für Kunsthandwerk, the museum of architecture can confine its attention to furniture

production and industrial design in the 20th century.

Publications

The Deutsche Architekturmuseum, in collaboration with the Vieweg publishing company, publishes the *Jahrbuch für Architektur* that sets out to describe the most recent developments in the field of architectural design. The chief aim of the year-book is to provide first-hand information about the materials employed in 20th-century architecture and, on the basis of excellent illustrative material, furnishes a potentially exhaustive survey of the various tendencies of contemporary architecture. The exhibitions of the Deutsche Architekturmuseum are accompanied by catalogues. The programme of publications by the museum is completed by a series of texts on the history of architecture and on architectural theory.

Library

The museum library will include publications on the history of architecture from about 1800 on; its centre of gravity will be composed of works on architectural theory. The museum also aims to collect, in a single place, various authors and editions dating as far back as Vitruvius and Alberti, since there is no centre of studies on the theory of architecture in the Federal Republic. Special emphasis will be placed on the periodical section where the broadest possible spectrum of international periodicals (reviews, yearbooks, news bulletins, etc.) will be made available.

Photographic library

The library is completed by a photographic library and a collection of slides on contemporary architecture. The museum makes an effort to collect extensive photographical documentation of each work designed, in collaboration with the Bildardchiv Foto Marburg of contemporary architecture. Sets of slides for teaching purposes are also available.

The collection of plans

The focal centre of the collections in the Deutsche Architekturmuseum is formed by the collection of plans and models relating to the architecture of the 19th and 20th centuries. As long as the architectural work was considered a sort of technical product, plans and drawings were looked on as mere devices to be used during construction and, too often, destroyed once the work was completed or at most stored carelessly in the archives. It was the very concept of architecture in past decades that resulted in this attitude. Yet what

delle vedute d'insieme presentate al committente, di schizzi e progetti parziali, da considerare appunto come importanti documenti storici spesso anche di notevole qualità artistica. Piani e progetti rimandano all'opera realizzata, ma insieme documentano della genesi del prodotto finito.

Molte volte il disegno è il tramite della concezione architettonica e questo indipendentemente dall'opera realizzabile. Un'idea della produzione dei cosiddetti architetti della rivoluzione, quali Ledoux e Boullée, non sarebbe possibile se non fossero stati conservati sulla carta i loro progetti, i disegni, le incisioni e le stampe: testimonianze della loro concezione dell'architettura e della loro utopia. L'architettura non costruita! Il disegno, insomma, come unico testimone e contenitore del pensiero architettonico, di un'idea.

La collezione dei plastici

È importante ricordare che, dopo secoli, sono ancora conservati due modelli della cupola del duomo di Firenze, e che rappresentano una delle attrazioni del Museo del duomo della città toscana. Da questo anche si ricava la grande importanza che gli architetti del Rinascimento e i loro successori assegnavano – su grande scala o ridotta – al mezzo idoneo a visualizzare il prodotto architettonico: il modello. Il modello di Michelangelo per la facciata di San Lorenzo a Firenze è l'unica testimonianza di una facciata di chiesa che non è stata mai realizzata: esso, dunque, sostituisce l'opera costruita e ci tramanda un'infinità di precise informazioni su una delle più significative concezioni architettoniche del Rinascimento. Per contro, non esistono più i modelli originali delle più importanti opere architettoniche del nostro secolo – come per esempio delle prime case di Le Corbusier o, delle prime costruzioni di Mies van der Rohe.

Il Deutsche Architekturmuseum, pertanto, reputa che uno dei suoi compiti specifici sia quello di raccogliere un'ampia collezione di progetti e di plastici dell'architettura del XIX e del XX secolo, al fine di fronteggiare l'incuria riservata in genere alle importanti testimonianze della storia dell'architettura e tramandare così ai posteri i documenti della genesi delle opere architettoniche che altre istituzioni, come la sovrintendenza alle belle arti, hanno il compito di conservare e tutelare.

Siamo consci che in altri luoghi esistono già collezioni di questo genere, ad esempio presso i politecnici. L'archivio del Bauhaus è accentrato sulla collezione di documenti e opere della istituzione storica di cui porta il nome, mentre la raccolta della Kunstbibliothek di Berlino è senz'altro la più importante collezione storica di progetti architettonici della Germania. L'accademia di Vienna, inoltre, possiede la più grande raccolta di disegni dell'architettura gotica.

Il Deutsche Architekturmuseum raccoglierà anche un'adeguata documentazione dell'*architettura internazionale dell'età contemporanea*; la raccolta dei plastici ne costituità il punto focale. Perché anche se l'interesse principale sarà dedicato all'architettura tedesca, occorre ampliare lo spettro e includere esempi significativi dell'architettura internazionale, per consentire il confronto fra le varie tendenze. Il confronto, infatti, provoca una presa di posizione, determina la "collisione" feconda tra le proprie concezioni personali e i punti di vista altrui, opposti o affini che siano, e quindi può conseguire un effetto pedagogico carico di conseguenze proficue sul piano della discussione intorno all'architettura dell'età contemporanea.

Conservazione e restauro

Le carte da disegno e i lucidi, che oggi si trovano sul mercato, contengono per lo più acidi, che ne limitano la conservazione nel tempo a meno che non si ricorra a particolari sistemi. Anche i plastici sono particolarmente sensibili, tanto che si rende spesso necessario sottoporli a restauro. Il Deutsche Architekturmuseum ritiene suo compito specifico provvedere alla conservazione del proprio patrimonio; degli interventi opportuni si prenderanno cura le officine del museo addette al restauro.

L'edificio

L'edificio, costruito da O.M. Ungers tra il 1979 e il 1984, non intende essere solo la cornice del Deutsche Architekturmuseum: si propone esso stesso come esempio di che cosa possa essere l'architettura.

In un'epoca in cui il patrimonio edilizio esistente viene sentito e scoperto come una risorsa vitale, è ovvio che si ricorra ad un vecchio edificio e che lo si consideri come elemento base della nuova costruzione. Un complesso residenziale storico, datato 1901, costituisce infatti il nucleo dell'intero edificio. Ne rappresenta l'elemento di contrasto il muro esterno che abbraccia l'area del complesso museale, e che costituisce una sorta di "cinta muraria urbana" in bugnato. All'incrocio tra Schaumainkai e la Schweizer Strasse questo rivestimento esterno costituito dal muro, offre protezione dal rumore del traffico cittadino; di conseguenza è sorto un gruppo di edifici orientati all'interno, insomma introversi. Tuttavia, allo scopo di non scoraggiare il visitatore, il muro in

seems obvious and commonplace for the historic eras of architecture, for instance the Renaissance, the baroque or neoclassicism, ought also to hold true for the architecture of the recent past: the collection of project designs, overall views of the project presented to the client, sketches and partial plans, seen as important historical documents which very frequently possess considerable artistic value in themselves. Plans and projects refer to the work constructed, but they also document the genesis of the finished product.

Often the drawing is the means by which an architectural idea is expressed independently of the possibility of actually constructing the work. We would have almost no conception of the work of the so-called architects of the revolution, such as Ledoux and Boullée, if their projects, drawings, engravings and prints had not been preserved on paper: testimonies to their conception of architecture, to their utopia. Architecture never built! Drawings, in short, as the only document and reservoir of architectural thought, of an idea!

The collection of models

If one thinks that, after centuries, two models of the dome of Florence cathedral are still in existence, forming one of the major attractions in the Tuscan city's Museo del duomo, one realizes just what importance the architects of the Renaissance and their successors gave to the ideal means – on a large or small scale – of visualizing the architectural product: the model. Michelangelo's model for the facade of San Lorenzo in Florence is the only record of a church facade that was never actually built: it substitutes for the work itself and furnishes us with an infinite amount of clears information about one of the most significant architectural conceptions of the Renaissance. On the other hand, the original models of the most important architectural works of this century – Le Corbusier's first houses, for instance, or the early constructions of Mies van der Rohe – no longer exist.

Consequently the Deutsche Architekturmuseum regards one of its special duties to be that of putting together an extensive collection of plans and models of 19th- and 20th-century architecture, in order to make up for the negligence usually reserved for important testimonies to the history of architecture and hand down to posterity the records of the genesis of architectural works which other institutions, such as the Fine Arts Service, have the job of preserving and protecting.

The German museum of architecture is not blind to the fact that collections of this kind already exist in other places,

for example in universities and polytechnics. The archives of the Bauhaus concentrate on the collection of documents and works relating to the historic institution whose name they bear, while the collection of plans in the Berlin Kunstbibliothek is undoubtedly the most important historical collection of architectural projects in Germany. The Vienna Academy, moreover, possesses the largest collection of drawings of Gothic architecture.

The Deutsche Architekturmuseum will also concentrate its efforts on assembling fitting documentation of the *international architecture of the contemporary era*; the collection of related models will also represent another important focus. Although the centre of interest will be devoted to the collection of documents of German architecture, it is still necessary to broaden the spectrum to include significant examples of international architecture, allowing various tendencies in architecture to be compared. Such a confrontation leads, in fact, to taking a position, bringing about a fertile "clash" between one's personal conceptions and other people's points of view, however different or alike, and thus has an educational impact of incalculable value in the debate over architecture in the modern era.

Conservation and restoration

For the most part, the drawing and tracing paper available on the market today contains acids, so that its lifespan is limited unless one resorts to special methods of preservation. Models are particularly fragile too, so it is often necessary to carry out restoration work to strengthen and protect them.

The Deutsche Architekturmuseum sees it as its specific duty to provide for the preservation of its own patrimony; all necessary interventions will be carried out by museum workshops specializing in the restoration of paper and the construction of models.

The building

The building, constructed by O.M. Ungers over a period stretching from 1979 to 1984, is not intended merely as the setting of the Deutsche Architekturmuseum: it also aims to stand as an example of what architecture can be.

In an age in which the existing architectural heritage is being perceived and discovered as a vital resource, it is natural to turn to an old building and use it as the basic element of the new construction. A historic housing complex, dating from 1901, in fact makes up the nucleus of the entire building. A contrasting feature is provided by the external wall,

bugnato si apre sul fronte di facciata, trasformandosi in una invitante loggia che permette di vedere all'interno, fino alle parti situate sullo sfondo del complesso. Qui, dalla parte interna del muro dove sono allineati ippocastani e frassini, si succedono piccoli cortiletti aperti che se da un lato concedono agli alberi uno spazio per crescere, dall'altro lato possono essere utilizzati come piccoli spazi atti ad ospitare oggetti di architettura o mostre all'aperto. La cornice esterna dell'edificio, dunque, si contrappone rigorosamente all'ambiente circostante, consente al visitatore di vedere all'interno e ne arricchisce gli spazi.

È stato il committente a suggerire che l'intera area fosse compresa da un muro. O.M. Ungers ha ulteriormente sviluppato il concetto progettando la copertura in vetro per lo spazio circostante la villa preesistente, che spunta così letteralmente dai tetti di vetro. Il fronte principale presenta un foyer a doppia navata, passaggi laterali e, una sala arretrata con cortile interno per le esposizioni; questo cortile offre libero spazio a un ippocastano che protende i rami al di sopra della sala. Le superfici di facciata del cortile formano un cubo di vetro suddiviso in un reticolo, il quale mantiene, anche verso l'alto, la forma architettonica del quadrato quadripartito. Proprio qui l'occhio coglie chiaramente le proporzioni e le misure che attraversano la retrostante sala delle esposizioni. Che gli "intervalli" tra i pilastri e le sezioni del tetto siano definiti dal quadrato, lo si avverte ad ogni passo.

Alla sala arretrata sul retro si contrappone come antipodo, la vecchia casa che sovrasta il pianoterra. I suoi elementi di facciata storicizzanti, quali le colonne ioniche sul fronte e gli abbaini arrotondati sul tetto, contribuiscono notevolmente alla caratterizzazione dell'edificio. Lo zoccolo in bugnato ha ispirato la medesima soluzione per il nuovo muro esterno.

Entrando nella villa, sorprende l'ampiezza degli ambienti che ha consentito la collocazione di un secondo involucro e di tracciare verticalmente, attraverso l'edificio, una seconda casa: casa nella casa.

Tuttavia, restando ai livelli inferiori, non ci si avvede, se non vagamente e per allusioni, di questo nucleo più interno. Si scorgono quattro sostegni liberi, che sembrano un baldacchino luminoso. Tutt'intorno la parete perforata dalle aperture interviene come un involucro intorno all'ambiente delimitato dai quattro sostegni. Qui Ungers incomincia ad articolare il "tema" architettura: illustra l'idea di spazi e involucri variamente inseriti l'uno nell'altro.

Sopra, al livello del pianoterra, si apre un altro ambiente articolato da sei sostegni; ne deriva l'impressione di una hall suddivisa in tre navate. Al centro, però, lo spazio si addensa per via dei quattro sostegni che formano la "scatola" interna, mentre con la banda delle aperture quadrate sotto il soffitto viene ripreso il motivo dell'articolazione del piano sottostante. L'effetto è quasi di una grata spaziale conclusa verso l'alto, che evidenzia il quadrato interno delimitato dai sostegni.

I pilastri posti più all'esterno contrassegnano gli angoli dei "cavedi". Sospingendo lo sguardo verso l'alto, si riconosce che l'ambiente-nucleo, il baldacchino formato dai quattro sostegni, prosegue nei piani superiori, dove però si chiude man mano, finché al quinto livello si trasforma in una casa delimitata da pareti e illuminata da bande di finestre quadrate e assume un immaginoso carattere simbolico. Di lato, sui fianchi del "timpano" si guarda attraverso tutti i piani fino a riconoscere in alto la piccola casa, terminale e coronamento della trasformazione subita dallo spazio delimitato dai quattro pilastri. Ora l'idea che sta alla base dell'intero complesso diviene manifesta con sorprendente immediatezza: partendo dall'interno, dal nucleo con la massima concentrazione, si può rileggere la successione degli involucri. Alla casa nella casa segue, verso l'esterno, il muro perimetrale della vecchia villa e a questa la superficie del muro a bugnato, che forma la cintura del complesso. Ad una successiva lettura ci si rende conto che un secondo involucro suddivide lo spazio compreso tra la facciata esterna della vecchia casa e gli ambienti interni, consentendo così di alloggiare, nello strato intermedio, i "pozzi" per le installazioni, i vani scala e il montacarichi. Quindi, l'infrastruttura dell'edificio è situata tra le bucce delle pareti; la parte esterna, grazie al duplice strato di cui è composta, serve da intercapedine protettiva per la climatizzazione.

Conosciamo la struttura della casa e lo svolgimento del "tema" architettonico da parte di Ungers ci appare ora chiaro. La finalità di questa architettura non è soltanto quella di soddisfare pure funzioni e di realizzare astratti containers spaziali: qui piuttosto si esplica un'idea figurativa, anzi – si potrebbe dire – qui viene raccontata una storia. È la storia di come un edificio si concentri vieppiù verso l'interno e di come la casa nella casa qui realizzata assuma infine una valenza simbolica: è il simbolo stesso dell'architettura. La casa emerge dalla forma aperta dell'ambiente delimitato dai quattro pilastri e diviene forma esplicita, come se si trattasse di illustrare e raffigurare l'architettura con il proprio significato del tetto-riparo; il tetto è sostenuto da quattro montanti. Come ha rilevato John Summerson, l'ambiente così definito è il simbolo architettonico del centro del mondo. Laddove si erigono

which encloses the museum complex, forming a sort of "city wall" in rustic work. At the junction between Schaumainkai and Schweizer Strasse this external facing created by the wall provides shelter from the noise of city traffic; consequently the group of buildings set behind is markedly oriented towards the interior, introverted in short. However, so as not to drive away the visitor, the wall of rustic work opens onto the front of the facade, transforming it into an inviting loggia that gives a view onto the interior, including those parts situated at the rear of the complex. Here, along the back of the wall with its rows of horse-chestnut and ash, there is a series of small courts which, apart from giving the trees room to grow, can be used as small spaces to house architectural objects or open-air exhibitions. Thus the external framework of the building is in severe contrast to the surrounding area, but at the same time gives the visitor a view of the interior and enhances its spaces.

It was the clients who suggested surrounding the whole area with a wall. O.M. Ungers has further exploited the advantage by designing a glass roof for the space surrounding the existing building, which thus emerges literally from the roofs of glass. On the main facade have been added a foyer with twin aisles, lateral passages and, set back, a hall for exhibitions with an inner court; this court provides room for a horse-chestnut whose branches extend over the hall. The facing surfaces of the court form a cube of glass subdivided in a lattice that continues, above as well, the architectural form of the quadripartite grid. This is just where the eye clearly grasps the proportions and rhythms that run through the exhibition hall behind. That the "intervals" between the pillars and the roof sections are homologous to the square is evident at every step.

The hall set towards the rear is contrasted, forming its antipodes, by the old house which overlooks the ground floor. The historicized features of its facade, such as the ionic columns along the front and the rounded dormer windows on the roof, make a considerable contribution to the character of the building. The socle in rustic work almost demanded the use of the same solution for the new external wall. Entering the villa, the size of the rooms comes as a surprise; this has allowed a secondary envelope or casing to be set up and a second house to be laid out, vertically, through the building: house inside house. And yet, while one remains on the lower floors, one does not at first notice – except vaguely, by allusions – this inner nucleus. What one does notice are four free-standing supports, set in the room as if they held up

a luminous canopy. All around runs the cornice of the wall perforated by openings, which serves as an envelope surrounding the area delimited by the four supports. Here Ungers begins to articulate the "theme" of architecture: he illustrates the idea of spaces and envelopes set within each other in different ways.

Above, on the ground floor, opens another room split up by six supports; this gives the impression of a hall subdivided into three naves. The area is focused towards the centre, however, where four supports are grouped together to form an internal "box," while the girdle of square openings under the ceiling echoes the pattern of articulation of the floor below. The effect resembles that of a spatial grating closed at the top, emphasizing the internal grid marked out by the supports.

The supports set further out mark the outer corners. Looking up, one realizes that the central space, the canopy formed by the four supports, continues on the floors above, where however it gradually closes until on the fifth level – the top floor – it is transformed into a house enclosed by walls and illuminated by strips of square windows, taking on an imaginative symbolic character. At the side, on the main facade, one's gaze penetrates all the upper floors and, at the top, can make out the little house that presents itself as the conclusion or crown of the transformation undergone by the space enclosed by the four supports. Only now does the idea underlying the whole complex become clear with surprising immediacy: starting from the inside, from the nucleus with the highest concentration, it is possible to see the succession of envelopes or spatial shells. The house inside the house is followed, further out, by the boundary wall of the old house and then by the outer surface of the wall in rustic work, which forms the perimeter of the complex. A second glance reveals that yet another skin has been added, subdividing the space between the outer facade of the old house and the internal rooms; this is used to house, in the intermediate layer, "shafts" for the heating plant, staircases – certainly narrow – and the service elevator. Thus the infrastructure of the building is housed between the skins of the walls; the outer wall obtained in this way serves, thanks to the double layer of which it is formed, as a cavity for insulation.

Once the structure of the house has been perceived, the way in which Ungers speaks of the architectural "theme" becomes comprehensible. The purpose of this architecture is no longer one of satisfying stark functions and creating abstract containers as utilizable areas; here rather it is a figurative

quattro pali, l'uomo si colloca al centro del mondo e trova la propria identità nell'infinità non definibile dello spazio. Ungers mostra come la casa nasca dalla metafora primitiva della capanna. E mentre questa trasformazione si compie di piano in piano, il tema di esplica, la finzione estetica si manifesta visualizzandosi.

Costruendo questa casa, Ungers ha per la prima volta tradotto in realtà la sua teoria architettonica: sviluppo del tema, morfologia in trasformazione. Qui, infatti, egli non ricerca la statica immobile e ferma degli spazi e nemmeno vuole l'involucro astratto dalla funzione protettiva. L'architettura ha ora trasceso il proprio fine utilitaristico, ha acquisito il carattere di riproduzione ed è divenuta la "depositaria" di una finzione rappresentabile. Al di là del proprio valore funzionale, l'architettura ha insomma ottenuto una dimensione poetica, senza peraltro limitare l'intenzione estetica all'apporto ornamentale. Nella sua struttura complessiva, l'edificio è un'immagine artistica che "racconta", in verticale; l'idea poetica di come un ambiente delimitato da quattro sostegni si trasformi in una casa; nella successione orizzontale degli involucri spaziali, essa raffigura la funzione protettiva dei recinti concentrici.

Ungers è un architetto moderno perché rifiuta l'ornamento applicato. Il bianco che ricopre tutto, compreso il suolo, richiama gli ideali del Bauhaus; la semplicità di tutti gli elementi architettonici, a spigoli netti, geometrizzati rigorosamente e schivi dell'ornamento, pare confermare il dogma del Neues Bauen. Nondimeno, il bianco di questi ambienti non è la metafora della purificazione, quale Gropius e Le Corbusier avevano ricercata: è un bianco che toglie la corporeità e provoca un effetto di aerea sospensione, come fosse possibile trascendere gli spazi. Con un'insistenza che ha costretto il costruttore ad attenersi costantemente al compito, Ungers è riuscito a fare quasi dimenticare la realizzazione materiale degli ambienti e a far nascere qualcosa che potremmo chiamare metafisica dell'architettura. Solo l'inserimento delle pareti divisorie per le mostre avvicina gli ambienti alla realtà dello spazio tridimensionale.

Contrasta con veemenza questo effetto spaziale la sala delle esposizioni arretrata verso il fondo. Ovunque si incontra la materiale pesantezza della pietra che si esprime sia nella bugnatura dello zoccolo della vecchia villa, sia nell'intonaco dei cortiletti che riproduce il bugnato; addirittura nastri di bugnato corrono, come campiture incorniciate, lungo le pareti laterali, quasi che il muro bianco delle superfici espositive fosse stato ottenuto eliminandone il bugnato. A differen-

za del cosmo trascendente dell'interno della vecchia villa, qui regna la robustezza tutta terrena di un mondo che deriva la propria destinazione dalla tangibilità materica della cinta muraria esterna. I conci intonacati e gli schermi in arenaria dell'ingresso potrebbero essere definiti l'"ornamento" di questi corpi edilizi perché qui la greve natura della pietra si manifesta. È dunque il mezzo espressivo proprio della volontà di caratterizzazione che distingue nettamente l'interno dall'esterno. Ungers, facendo parlare l'architettura e caratterizzandola nelle sue differenti parti, si è allontanato di molto dai principi informatori dell'architettura moderna che, per contro, auspicava l'omogeneità delle parti e favoriva anche l'uniformità e la monotonia dell'inespressivo. L'edificio del Deutsche Architekturmuseum non appartiene più a questa architettura.

idea that is expressed; one could even say that a story is told. The story of how a building is focused more and more towards the inside and how the house inside the house, realized here, in the end takes on a symbolic value; it is the symbol of architecture itself. The house emerges from the still open form of the area marked out by the four supports and becomes an explicit form, as if it had set out to illustrate and portray architecture as something that is meaningful in itself. The ambience constructed by the four supports has the significance of the roof-shelter; the roof is supported by four uprights. As John Summerson has pointed out, the space marked out by four supports has always been the architectural symbol for the centre of the world. Wherever four posts are erected, man sets himself at the centre of the world and finds his own identity in the undefinable infinity of space. Ungers shows how the house is born out of the primitive metaphor of a canopy. And while this transformation is carried out from floor to floor, the theme is developed and the aesthetic invention is made visible. By building this house, Ungers has for the first time translated his architectural theory into reality: development of the theme, morphology in transformation. Here, in fact, he is not looking for a fixed and constant equilibrium of spaces, nor does he see the abstract envelope in terms of its protective function: the architecture has transcended its own utilitarian purpose, taking on the character of reproduction and becoming the "depository" of a fiction that can be represented. Apart from its own functional value, architecture has in other words attained a poetic dimension, and without the aesthetic intent being confined to the ornamental ingredient. In its overall structure, the building is an artistic image that, from bottom to top, "recounts" the poetic idea of the metamorphosis of the area circumscribed by four supports into a house and, in the horizontal succession of spatial shells, also represents the protective function of being wrapped up in layers.

Ungers is an architect of the modern era since he spurns *applied* ornament. If one looks at the whiteness of the settings with which everything is clad, including the floor, one would think that the ideals of the Bauhaus had been followed; the simplicity of all the architectural elements (sharp edges, severely geometric and disdainful of ornament) appears to confirm the dogma of the Neues Bauen. Nonetheless, the whiteness of these settings is not a metaphor for purification, as Gropius and Le Corbusier had intended it: it is a white that strips away corporeity and produces an effect of aerial suspension, as if it was possible to transcend the spaces them-

selves. With an insistence that obliged the building contractors to keep the aim assiduously in mind, Ungers has succeeded in almost making one forget the material structure of the settings and bringing into existence something that could be called the metaphysics of architecture. Only the insertion of dividing partitions for the exhibitions causes the settings to draw near to the reality of three-dimensional space.

In violent contrast to this spatial effect is the exhibition hall set back towards the rear. Everywhere: the material heaviness of the stone that is expressed both in the overhang of squared stones in the socle of the old house and in the plastering that reproduces the rustic work of the courts; strips of rustic work even run, like groups of caissons, along the side walls, making it look as if the white surfaces of the spaces to be used for exhibitions had been obtained by eliminating the rustic work. Unlike the transcendent cosmos of the interior of the old house, what predominates here is the wholly earthly sturdiness of a world whose own purpose derives from the material tangibility of the outside wall, that is to say the boundary wall in rustic work. The plastered quoins and sandstone screens of the entrance could be described as the "ornament" of these buildings in that they give expression to the rough heaviness of the stone. Thus it is the right means of expression for a desire for characterization that makes a clear distinction between interior and exterior. By making his architecture speak and giving different characters to its different parts, Ungers has strayed far from the guiding principles of modern architecture which, on the contrary, called for homogeneity of parts and even favoured uniformity and the monotony of the inexpressive. Hence the building of the Deutsche Architekturmuseum no longer belongs to this kind of architecture.

La galleria al piano terreno sul retro della casa esistente.

Ground floor gallery at rear of existing home.

Veduta della "casa nella casa"
all'ultimo piano.

View of the "house within a house"
on the top floor.

Veduta esterna del fronte d'ingresso
e spaccato assonometrico.

External view of entrance facade
and axonometric section.

Galleria del piano terreno.

Ground floor gallery.

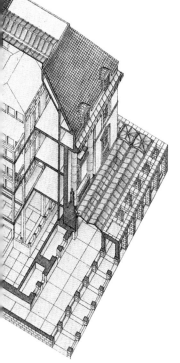

21

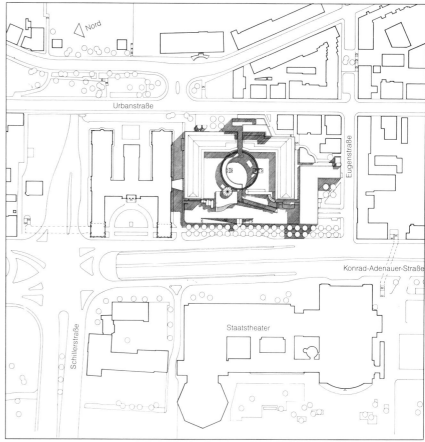

La nuova acropoli di Stoccarda
La Neue Staatsgalerie di James Stirling e Michael Wilford

The new Acropolis of Stuttgart
The Neue Staatsgalerie by James Stirling and Michael Wilford

Frank Werner

"In quest'opera cessa il lavoro istintivo che produceva in contrapposizione all'autocoscienza l'opera incosciente; in quest'opera, infatti, all'attività dell'artefice che costituisce l'autocoscienza si fa incontro un interno che è altrettanto autocosciente e che si esprime. Egli è assurto qui fino alla scissione della sua coscienza dove lo spirito incontra lo spirito. In questa unità dello spirito autocosciente con se stesso, in quanto lo spirito è figura e oggetto della propria coscienza, si purificano dunque le sue mescolanze con l'inconscia guisa della figura naturale e immediata; queste mostruosità della figura, del discorso e dell'operazione si risolvono in figurazioni spirituali, – in un esterno che è andato in se stesso, in un interno che estrinseca e da sé e in sé – si risolvono in pensiero il quale è chiaro esserci che partorisce se stesso e conserva la sua figura a lui conforme. Lo spirito è *artista*".
(G. F. W. Hegel, *L'artefice*, in *Fenomenologia dello spirito*, Firenze 1963)

"In this work the instinctive labour that used to produce the unconscious work at odds with self-consciousness has come to an end; in this work, in fact, the activity of the craftsman that constitutes self-consciousness encounters an interior that is just as self-conscious and that is expressed. Here he rises up to the split in his awareness where the spirit meets the spirit. In this unity of the self-conscious spirit with itself, in so far as the spirit is figure and object of its own consciousness, is therefore purified its mingling with the unconscious guise of the natural and immediate figure; these monstruosities of shape, of argument and of operation are resolved into spiritual portrayals, – in an outside that has gone into itself, in an inside that expresses both of itself and in itself – are resolved in thought that is clear being gives birth to itself and keeps its shape in conformity with him. The spirit is *artist*."
(G. F. W. Hegel, *Der Werkmeister* in *Phänomenologie des Geistes*, 1807)

Nessun'altra nuova costruzione contemporanea, forse, riscalda tanto gli animi della scena architettonica tedesca quanto la Neue Staatsgalerie di Stoccarda di James Stirling, per cui un euforico consenso e un netto rifiuto quasi si bilanciano. Reazioni così discordi si dovevano d'altra parte prevedere, se si considera l'attualissimo antefatto di questo progetto. Il governo del Baden-Württemberg aveva indetto già nel 1974 un concorso a livello nazionale che doveva trasformare in un forum culturale l'area tra la Staatsgalerie tardo-classicista (1842), lo Staatstheater (1912) e il parlamento del Württemberg unitamente allo Schlossgarten, area desolata in quanto attraversata dalla trincea a sei corsie di un'arteria a scorrimento veloce.

Come concreti interventi architettonici, si richiedevano un edificio per ampliare il Parlamento, un nuovo Kammertheater, un ampliamento della Staatsgalerie e un piano urbanistico per la sistemazione della errata viabilità, conseguenza del dopoguerra.

Vennero assegnati tre primi premi, uno dei quali al gruppo di Behnisch, Kammerer e Belz. Il loro apporto, caldeggiato in segreto da molti, era caratteristico di quel modo di costruire contenitori, tardo-funzionalistico e attento al particolare, che la seconda "scuola di Stoccarda" aveva, con successo, propagandato per decenni come "architettura aperta". I risultati comunque insoddisfacenti del concorso erano però da ascrivere alla complessità del compito troppo vasto e alla nebulosa definizione degli scopi fissati dall'ente banditore. Nel 1977 si indisse perciò un secondo concorso a inviti, questa volta internazionale, che doveva presentare delle proposte di realizzazione più concrete per un grande ampliamento

There is perhaps no other new contemporary construction that gets German architectural circles quite so hot under the collar as James Stirling's Neue Staatsgalerie in Stuttgart, for which euphoric acclaim and flat rejection almost balance out. On the other hand such discordant reactions are only to be expected, if one considers the most recent events leading up to this project. In 1974 the government of Baden-Württemberg had announced a nationwide competition for the transformation into a cultural forum of the area between the late-classicist Staatsgalerie (1842), the Staatstheater (1912) and the parliament of Württemberg, along with the Schlossgarten, a desolate area in that it is traversed by the cutting of a six-lane high-speed artery.

The concrete architectural interventions required consisted of a building to expand the parliament, a new Kammertheater, an extension of the Staatsgalerie and an urban development scheme to set to rights the chaotic road system, the consequence of postwar reconstruction.

Three first prizes were awarded, one of which went to the group of Behnisch, Kammerer and Belz. Their scheme, secretly favoured by many people, was typical of that way of constructing containers, late-functionalistic and attentive to detail, that the second "school of Stuttgart" had successfully promoted for decades as "open architecture."

The fact that the results of the competition turned out to be unsatisfactory should however be ascribed to the complexity of a too unwieldy assignment and to the lack of a clear definition of aims in the conditions laid down for the competition. Therefore a second competition by invitation, this time international, was held in 1977, in which more concrete

della Staatsgalerie, compreso un edificio da integrare al teatro. Oltre ai sette vincitori del primo concorso furono invitati i teams Bo e Wohlert di Copenhagen, Powell e Moya di Londra, Stirling e Wilford di Londra e Zoelly di Zurigo. La giuria assegnò il primo premio al lavoro dello studio James Stirling, Michael Wilford and Associates, mentre i danesi Bo e Wohlert si piazzarono al secondo posto e Behnisch, Kammerer e Belz soltanto al terzo.

Un progetto altamente provocatorio, perché indicava, sia dal punto di vista tipologico che formale, delle vie completamente nuove e tuttavia realizzabili, si poneva dunque decisamente in contrasto con le convenzionali filigrane in vetro e acciaio degli architetti di Stoccarda. Il casus belli ideologico era, per così dire, programmato. Nei mesi seguenti si accese, nell'intera Repubblica federale, una discussione di principio estetico-formale che, in quanto a polemica e a spirito diffamatorio (unilaterale), raggiunse toni esasperati. Questo contrasto, divenuto famoso in tutto il mondo come "la lite di Stoccarda", ebbe il suo culmine nella città sveva dove si rimproverò Stirling di aver tradito la "tradizione di Weissenhof", lo si accusò di brutalità nel senso di architettura fortilizia di stampo medievale e, per finire, lo si tacciò perfino di tendenze fasciste.

James Stirling – costretto, come Ricardo Bofill, nel corso di una sola notte al ruolo di "agent provocateur" degli eventi architettonici europei – contrattaccò con la proverbiale calma britannica e con una superiore capacità di argomentazione. Nel febbraio 1979 egli pose la prima pietra e nel marzo 1984 poté aprire a un pubblico oltremodo curioso la sua programmatica costruzione. Questo seppe contraccambiare la sua perseveranza e resistenza veramente "democratiche" mobilitando, in occasione dello spettacolo inaugurale durato più giorni, più di diecimila profani desiderosi di sapere: fatto che rappresenta una novità assoluta nella più recente storia dell'architettura tedesca. Da allora le statistiche dell'afflusso dei visitatori offrono, ogni mese, nuove cifre record che smentiscono tutti i critici. La Neue Staatsgalerie di Stoccarda è diventata, effettivamente, un edificio popolare.

Determinante per questo successo, che da solo ancora nulla dice sulla qualità dell'architettura, è stata certamente e in primo luogo la stupenda concezione urbanistica di Stirling.

L'astuto inglese è riuscito, infatti, ricorrendo ad un artificio allo stesso tempo semplice e geniale, a risolvere la dicotomia del compito "costruire in ambiente storico", tradizionalmente oscillante tra adeguamento e autoaffermazione, in

elementi di attrazione sia urbanistici che architettonici. Invece di collegare l'edificio all'area stradale per mezzo di una facciata convenzionale, Stirling ha calato l'intera costruzione nell'area retrostante che sale ripidamente, così da ottenere un graduato sistema di terrazze-tetto, il cui centro geometrico è una rotonda aperta, profondamente incassata. Le terrazze sono collegate per mezzo di un pregnante sistema di rampe in modo da offrire anche ai passanti non diretti al museo un attraente percorso pedonale, partendo dalla Konrad-Adenauer-Strasse in basso e oltrepassando i livelli situati più in alto, toccando in salita la rotonda e sboccando finalmente, dopo una strettoia nei pressi dell'ala dell'amministrazione, nell'Urbanplatz. Stirling ha così incorporato, in modo stimolante, un importante itinerario pedonale tra il fondovalle e i quartieri di abitazione sulla collina nella sua concezione dei "sunken museum-gardens", senza pregiudicare le funzioni interne dell'edificio. Egli ha saputo compensare l'arretramento dell'ampliamento, evidente atto di modestia di fronte alla dominanza architettonica dei vicini predecessori classicisti, mediante uno stratificato sistema di significanti volumi stereometrici, di superfici curve, di installazioni metalliche e di "supergraphics" dai colori vivaci che incrosta le terrazze in modo "concertato". E sono proprio questi segnali stratificati, tra il liberatorio e l'invadente, che anticipano coscientemente avvenimenti lieti, a mettere in risalto contenuto e significato della nuova costruzione nell'area stradale.

Il motivo di questo libertinaggio formale può essere ricondotto al fatto che i desideri funzionali e di rappresentanza dei committenti collimavano perfettamente con le intenzioni formali, dal punto di vista spaziale, dell'architetto, tanto che si potrebbe quasi parlare di uno "stato formale di eccezione". Solo così si spiega come Stirling abbia potuto essere così prodigo nel manipolare i percorsi, le superfici del foyer, quelle libere e quelle accessorie, tanto che la loro relazione con l'effettiva superficie utile appare quasi irrazionale. Uno sguardo alle piante e alle sezioni del piano di ingresso e di quello della galleria dimostra, infatti, quanto indispensabili fossero per Stirling proprio quelle superfici per – sogno di ogni architetto – poter sviluppare liberamente i suoi allestimenti e le sue installazioni abitualmente dinamici ed estesi nello spazio.

Nello stesso tempo, il centro funzionale del tutto, cioè la nuova galleria così importante per i committenti, appare ad un primo sguardo come un atto di sottomissione rispetto al suo vicino, il vecchio edificio, poiché il braccio della pianta a forma di U, disposto in modo severamente assiale-simmetrico rispetto alla rotonda centrale, riprende chiaramente un ti-

proposals had to be presented for the construction of a large extension to the Staatsgalerie, including a building to be integrated with the theatre. As well as the seven winners of the first competition, the teams Bo and Wohlert of Copenhagen, Powell and Moya of London, Stirling and Wilford of London and Zoelly of Zurich were invited to take part. The jury awarded first prize to the work of the James Stirling, Michael Wilford and Associates studio, while the Danes Bo and Wohlert took second place and Behnisch, Kammerer and Belz were relegated to third.

A highly provocative project, for it pointed, from the typological viewpoint as well as the formal, to completely new and yet feasible ways, and thus stood in stark contrast to the conventional traceries of glass and steel produced by the architects of Stuttgart. The ideological *casus belli* was, in a manner of speaking, built in. Over the following months the entire Federal republic threw itself into an argument over aesthetic and formal principles which, in its polemics and defamatory tone (on both sides), became increasingly exasperated. This clash, which became famous all over the world as "the Stuttgart quarrel," reached its climax in the Swabian town where Stirling was reproached for having betrayed the "tradition of Weissenhof," accused of brutality in the sense of producing fortress-like architecture of a mediaeval stamp and even of coming close to fascism.

James Stirling – forced, like Ricardo Bofill, over the course of a single night into the role of "agent provocateur" in European architectural events – counter-attacked with proverbial British phlegm and greater skill in argument. In February 1979 he laid the first stone and in March 1984 was able to open his programmatic building to a highly curious public. The latter rewarded him for his truly "democratic" perseverance and endurance by mobilizing, for the inaugural event that lasted for several days, over ten thousand laymen longing to know what was going on: a fact that represents an absolute novelty in the more recent history of German architecture. From that time on the number of visitors has reached, each month, new records that give the lie to all his critics. The Neue Staatsgalerie of Stuttgart has become, in effect, a popular building.

Decisive in this success, which by itself still says nothing about the quality of the architecture, has certainly been Stirling's superb grasp of town-planning.

The shrewd Englishman has in fact succeeded, by resorting to a stratagem that is at one and the same time simple and ingenious, in resolving the dichotomy of the task of "Build-

ing in a historical setting," which traditionally wavers between adaption and self-assertion, into elements that are attractive in terms of both town-planning and architecture. Instead of linking the building with the road area by means of conventional facade, Stirling has placed the entire construction in the steeply-rising area behind, thus obtaining a stepped system of terraces and roofs, whose geometric centre is an open and deeply-set rotunda. The terraces are linked by means of an imposing system of ramps, so that even passers-by not heading for the museum are offered an attractive route for walking, leading from Konrad-Adenauer-Strasse below and crossing the levels situated higher up, passing the rotunda on the way up and finally emerging, after a narrow section in the vicinity of the administrative wing, into Urbanplatz. Thus Stirling has incorporated, in a stimulating way, an important pedestrian route between the bottom of the valley and the residential districts on the hill into his conception of "sunken mueseum gardens," without impairing the internal functions of the building. He has managed to compensate for the setting back of the extension, an evident act of modesty with respect to the architectural dominance of his nearby classicist predecessors, by means of a stratified system of imposing stereometric volumes, curved surfaces, metallic installations and "supergraphics" in lively colours, which swathe the terraces in "concerted" fashion. And it is just these stratified signals, sometimes liberating sometimes intrusive, that consciously anticipate joyful events, which bring out the content and meaning of the new construction in the area of the road.

The motive for the licentiousness of form can be traced back to the fact that the functional and cerimonial requirements of the clients tallied perfectly with the formal intentions, from the spatial point of view, of the architect, so that one could almost speak of an "exceptional formal state." Only this can explain why Stirling was able to be so lavish in his handling of routes and the areas of the foyer, both the free ones and the accessory ones, so that their relationship with the actual utilizable area seems almost irrational. A glance at the plans and sections of the entrance floor and that of the gallery demostrates, in fact, just how indispensable those areas were to Stirling in order to be able – the dream of every architect – to lay out freely his fittings and installations, habitually dynamic and spread out in space.

At the same time, the functional centre of the whole thing, i.e. the new gallery so important to the clients, looks at the first glance like a tired bow in the direction of its neigh-

po museale ottocentesco. Lunghe infilate allineano gli spazi espositivi pensati a mo' di cabine. Imponenti portali con sovraporte stilizzate sottolineano un percorso obbligato attraverso convenzionali sale a lucernario, nelle quali variano tutt'al più le altezze e i dettagli d'arredamento.

La raffinatezza vera e propria del progetto diventa però percettibile qualora si consideri questo piano non isolatamente, bensì nella contestualità dell'intero corpo dell'edificio. E questa contestualità, cioè la pregnanza formale degli infiniti percorsi interni ed esterni che vanno dall'enorme foyer d'ingresso, tipico di un museo tedesco del dopoguerra, alle immediate superfici d'esposizione, ha assunto qui un significato più importante della originale destinazione museale in sé. Nel definire concretamente gli spazi del suo progetto, Stirling si è servito delle infinite esperienze tipologiche dell'architettura occidentale che si possono riassumere nei concetti di "trasformazione" o "giustapposizione". Così il suo museo, che può sembrare populistico, si articola in realtà in un complesso collage architettonico, costituito da una abbondanza di riferimenti tipologici e iconografici così sconcertante che intere generazioni di storici dell'arte e dell'architettura dovranno lavorare alla loro decifrazione. L'ambiguità dell'edificio e dei particolari evoca associazioni con i templi egiziani a piloni e immagini che ricordano il tempio romano di Preneste dalle terrazze assiali-simmetriche, le vedute ideali in prospettiva di Fischer von Erlach, i riduttivi edifici per il culto dei morti di Boullée, Gilly o Weinbrenner o, perfino, le installazioni spaziali, plasticamente monumentali di Le Corbusier per Chandigarh. Considerando la disposizione della pianta di Stirling nell'immediato contesto storico, si evidenzia una genealogia tipologica di gran lunga più concreta. Il collage architettonico trasformatorio di Raffaello per l'incompleta villa Madama a Roma (1517), che a sua volta si riallaccia alla tardo-antica "villa dei ricordi" di Adriano a Tivoli, sembra aver inconsciamente influenzato Stirling così come il megalomane progetto per museo di Boullée (1783), l'Altes Museum di Schinkel a Berlino (1828), in quanto romantica combinazione ideale e, infine, l'ambivalente biblioteca civica di Stoccolma (1928), oscillante tra neoclassicismo e nuova oggettività, di Gunnar Asplund. Qui a Stoccarda, comunque, questi e altri riferimenti di carattere trasformatorio non sono stati contaminati da quella ingenuità di citazione propria del post-modern internazionale, pericolosa, perché letterale. Anzi, essi sono stati intessuti in modo così raffinato in una giustapposizione, solo ad un primo sguardo facilmente decifrabile e rafforzata dall'impeto creativo percettibile in

maniera latente, da creare un plesso architettonico allo stesso tempo riassuntivo sotto l'aspetto "archetipologico" e che guarda al futuro sotto quello tipologico-costruttivo.

Con tutto ciò, tuttavia, emergono chiare differenze tra l'architettura interna e quella esterna. In particolare, l'esterno rivela una quantità di dettagli che sono pensati come omaggi all'avanguardia del XIX e XX secolo: il rivestimento regionalistico di travertino e arenaria nei modi di Alvar Aalto, la rampa a spirale della rotonda, riferimento a Frank Lloyd Wright, i propilei in acciaio ricoperti di vetro e le tecnicistiche pensiline degli ingressi che ricordano Mies van der Rohe e la rigorosa stereometria di Louis I. Kahn. E il massiccio portale dorico in arenaria – che si innalza dalla rotonda quasi come un reperto archeologico – si deve intendere come parafrasi letterale di Weinbrenner, così come la formazione del doccione e la guida delle rampe sono un omaggio reso a Le Corbusier. Cubatura e facciata del retrostante edificio dell'amministrazione rappresentano un adattamento concreto e ironico della casa bifamiliare di Le Corbusier nella Weissenhofsiedlung di Stoccarda. Tutti questi dettagli, tuttavia, non sono preponderanti, ma sono solo elementi secondari di una trasformazione in cui prevalgono invece gli elementi strutturali. L'atteggiamento fondamentale, ironico e distaccato, percettibile ovunque, viene alla luce qui e là con una particolare chiarezza: ad esempio là dove Stirling rende manifesto anche ai profani il carattere di impiallacciatura del rivestimento in pietra naturale, oppure dove, artificiosa citazione di rovine, fa cadere volontariamente delle pietre dal "solenne" basamento dietro al quale si cela un volgarissimo garage sotterraneo.

Del tutto diverso l'interno, caratterizzato ovunque da tratti "autoriflessivi". Qui, il visitatore esperto ha l'importuna impressione che Stirling – soprattutto nell'ingresso – abbia citato e realizzato, modificandolo, l'intero repertorio degli spazi interni dei suoi due progetti di concorso non realizzati: la Kunstsammlung Nordrhein-Westfalen di Düsseldorf (1975) e il Wallraf-Richartz Museum di Colonia (1975). Questa impressione viene rafforzata dall'abbondanza di altre installazioni e particolari già incontrati prima o poi nella sua opera, disegnata o realizzata. Come elementi di immediato recupero dal progetto di Düsseldorf emergono in particolare gli impressionanti percorsi delle rampe, ma anche quelli delle gallerie, con le loro raffinate intersezioni prospettiche, e del portico interno della rotonda. Anche se in parte superflue dal punto di vista statico, le colonne a fungo che dominano l'ingresso e che conferiscono un opprimente

bour, the old building, since the U-shaped wing of the plan, laid out in a severely axial-symmetrical manner with respect to the central rotunda, clearly harks back to the pattern of the 19th-century museum. The exhibition spaces are lined up in long rows rather in the manner of cabinets. Imposing portals with stylized transoms underline an obligatory route through conventional rooms with skylights, in which at the most heights and details of furnishing are varied.

However the true refinement of the project becomes clear when one looks at this floor not in isolation, but against the setting of the entire building. And this setting, i.e. the formal significance of the infinite internal and external routes that stretch from the enormous entrance foyer, typical of postwar museums in Germany, has taken on here a more important significance than its original use as a museum in itself. In concretely defining the spaces of his project, Stirling has made use of the infinite typological experiences of western architecture that can be summed up in the concepts of "transformation" and "juxtaposition." Thus his museum, which might seem populistic, in reality consists of a complex architectural collage, formed out of such a disconcerting abundance of typological and iconographical references that whole generations of historians of art and architecture will have to labour over their decipherment. The ambiguity of building and details evokes associations with Egyptian temples and their aediculae and images that remind one of the Roman temple of Praeneste, with its axial-symmetrical terraces, the ideal vistas in perspective of Fischer von Erlach, the reductive buildings for veneration of the dead by Boullée, Gilly or Weinbrenner, or even Le Corbusier's plastically monumental spatial installations for Chandigarh. Looking at the layout of Stirling's plan against its immediate historical background, a far more concrete typological lineage becomes apparent. The architectural collage which Raphael used to transform the incomplete villa Madama in Rome (1517), which for its part is indebted to the late-antique "villa of memories" of Hadrian at Tivoli, seems to have unconsciously influenced Stirling, as did Boullée's megalomaniac project for a museum (1783), Schinkel's Altes Museum in Berlin (1828) as an ideal romantic combination or, finally, Gunnar Asplund's ambivalent City library in Stockholm (1928) which hesitates between Neoclassicism and New Objectivity. Here in Stuttgart, however, these and other references of a transformative character have not been contaminated by that dangerous, because literal, ingenuity of citation typical of international "Post-Modernism." On the con-

trary, they have been interwoven into such an elegant juxtaposition, only at first glance easily decipherable and reinforced by the creative impetus perceptible in a latent manner, as to create an architectural complex that at one and the same time is recapitulatory from the "archetypological" point of view and looks to the future from the typological constructive one.

For all that, clear differences emerge between the internal and the external architecture. In the particular, the exterior displays a quantity of details that are intended as a homage to the avant-garde of the 19th and 20th centuries: the regionalistic facing of travertine and sandstone in the manner of Alvar Aalto, the spiral ramp to the rotunda in the manner of Frank Lloyd Wright, the glass-covered steel propylaea and high-technology cantilever roofs of the entrances in the manner of Mies van der Rohe and the severe stereometry in the manner of Louis Kahn. And the massive Doric portal of sandstone – which rises above the rotunda almost like an archaelogical exhibit – must be seen as a literal paraphrase of Weinbrenner, just as the shaping of the gutterpipe and the guide-rails of the ramps are sign of reverence towards Le Corbusier. The volume and facade of the administrative building at the rear represent a highly concrete and ironic adaptation of Le Corbusier's two-family house in Stuttgart's Weissenhofsiedlung. None of these details, however, are preponderant, but just secondary elements in a transformation where structural elements predominate. The fundamental attitude, ironic in a detached way and detectable throughout, comes to light here and there with a particular clarity: for example, where Stirling makes the nature of the facing of natural stone as a veneer evident even to laymen, or where, in a cunning citation of ruins, he deliberately lets fall the stones of the "solemn" basement, which conceals a very commonplace underground garage.

The interior, characterized everywhere by "self-reflective" features, is totally different. Here, the knowledgeable visitor has the annoying impression that Stirling – especially in the entrance – has quoted and reproduced, in altered form, the entire repertory of internal spaces from his two competition projects that were never realized: the Kunstsammlung Nordrhein-Westfalen in Düsseldorf (1975) and Wallraf-Richartz Museum in Cologne (1975). This impression is reinforced by the abundance of other installations and details that are sooner or later encountered, every one, in his work, designed or built. As direct products of salvage from the Düsseldorf project, what stand out in particular are the

Schizzi di studio, pianta al livello
dell'ingresso e sezione trasversale.

Study sketches, plan on the entrance
level and cross section.

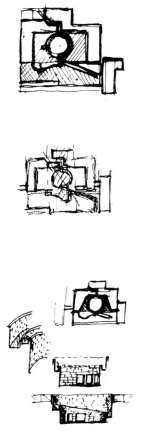

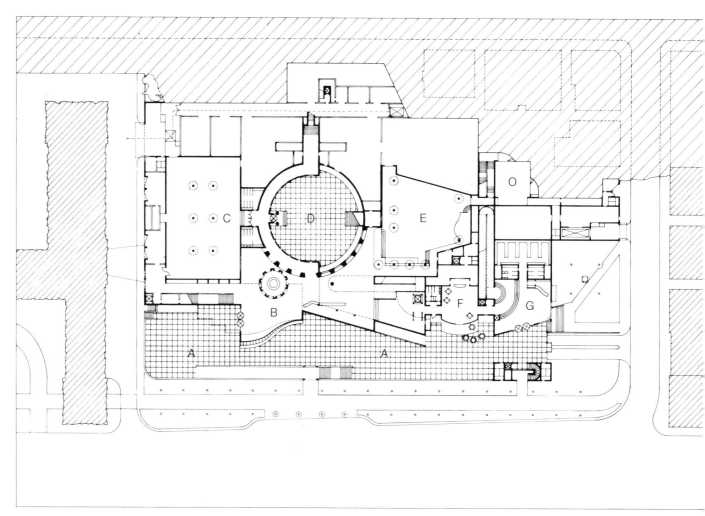

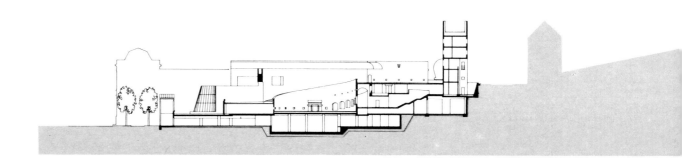

*Pianta al livello della galleria e
sezione longitudinale.*

*Plan on gallery level and
longitudinal section.*

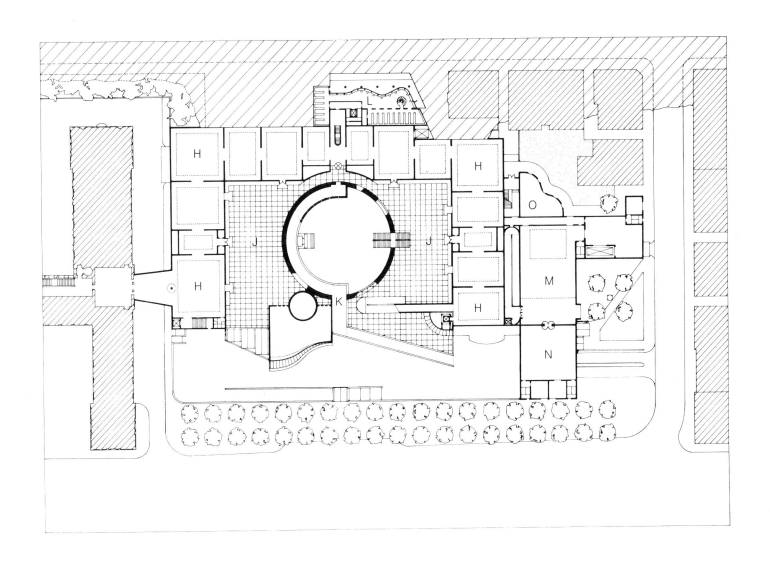

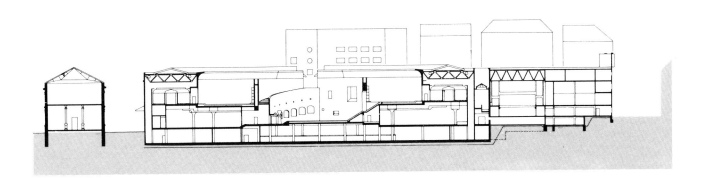

29

aspetto criptico soprattutto alla sala delle esposizioni temporanee, erano già state previste per il quartier generale della Olivetti a Milton Keynes (1971). Nuova è, qui a Stoccarda, la notevole "colonna a matita", staticamente importante, che porta sì il peso principale della rampa ma che, a causa del garage sotterraneo sottostante, non riesce a scaricare "correttamente".

Il meraviglioso involucro in vetro curvato del foyer era già stato prefigurato – senza l'impressionante deformazione spaziale – in precedenti lavori di Stirling, tra l'altro nel progetto per la Dresdner Bank di Marburgo (1977). La combinazione di rampa e ascensore (quest'ultimo concepito come un enorme meccano) realizzata qui per la prima volta compariva già, in forma quasi identica, nei progetti di Milton Keynes e di Düsseldorf. Anche il tamburo della porta girevole, il portico interno della rotonda e il "tempio-vendite" del foyer che si dilata su tutto il piano erano già inclusi nei progetti di Düsseldorf e Colonia.

Continuare ad elencare queste "autocitazioni", cosa che si potrebbe fare all'infinito, appare comunque ozioso, quando si pensi che Stirling considera questa ricapitolazione autoriflessiva di invenzioni spaziali private (che dominava anche il suo contributo a "Roma interrotta" del 1979) non tanto come ripetizione regressiva quanto come immanente continuità evolutiva.

L'effetto del piano principale e di quello della galleria – come già detto – risulta caratterizzato dall'adeguamento a una concezione dello spazio museale del XIX secolo. Ma Stirling non sarebbe Stirling se anche qui non si fosse preoccupato di porre accenti adeguati, come ad esempio la "chiusa" tra il vecchio e il nuovo edificio, che sembra iperstrumentata, o le bussole e i soffitti a lucernario inquadrati da telai d'acciaio di un verde acceso o, ancora, i labili ed artificiosi frammenti dei cornicioni dei soffitti che fungono da frangisole.

L'esposizione estremamente misurata degli oggetti d'arte allestita dai committenti, peraltro non senza contrasti, ha potuto tuttavia imporsi pur in tale abbondanza architettonica. Misurato, ma quasi insuperabile in quanto a segni architettonici, non è tanto l'interno, in parte rivestito da un pavimento in gomma verde erba, quanto l'esterno accentuato dai "supergraphics", vistose applicazioni laccate in colori primari. Queste sottolineano i singoli elementi dell'edificio, accanto ai quali si sono potuti sviluppare, senza incontrare ostacoli, i manierismi postmoderni. I tetti apribili in vetro e acciaio neo-costruttivisti, sospesi temerariamente e dimensionati in modo audace, illustrano con ironia, mediante la quantità dei loro gioghi, la gerarchia degli ingressi. Una colonna a fungo metallica, laccata di giallo, sostiene l'arco ribassato del tunnel sotto il Kammertheater incurante delle leggi statiche. I container delle porte girevoli, di un rosso acceso, ostacolano il passaggio invece di favorirlo. Colori pastello e gigantesche tubazioni dipinte di celeste accompagnano, quale inutile surrogato del corrimano, le rampe rivestite di pietra naturale in un contrasto dissonante. E nella parte posteriore del complesso gli immensi aspiratori dell'impianto di condizionamento, anch'essi dipinti con colori non meno vivaci, richiamano alla memoria il Centre Pompidou. La vegetazione in germoglio delle terrazze, della rotonda e del basamento avrà difficoltà ad imporsi contro queste "fratture" ben calcolate. Quello che resta dopo tutto ciò è la contrastante impressione di un edificio che, a livelli diversissimi e con i mezzi più disparati, riassume, insegna, manipola e stimola in modi che vanno dal poliedrico all'impenetrabile. In quanto scultura architettonica praticabile e di grande significato per il tempo libero, essa aiuterà a superare senza fatica la paura del museo e con ciò corrisponderà pienamente al desiderio del progettista e dei suoi committenti di renderla popolare.

Che l'architettura contemporanea in quanto tale potesse diventare per il pubblico un magnete di queste dimensioni era inimmaginabile perlomeno a Stoccarda, prima dell'edificio di Stirling, sebbene il museo di Hollein a Mönchengladbach e altri musei tedeschi degli ultimi anni avessero già fatto registrare flussi di visitatori sempre più massicci.

Esistono, inoltre, aspetti funzionali, iconografici e teorici che si impongono più o meno consapevolmente all'utente di un simile edificio. La Neue Staatsgalerie di Stirling è, da un punto di vista espositivo, un museo antiquato, quindi tutt'altro che un museo moderno e "aperto". Per di più esso, nonostante la mole del volume costruito, è già oggi troppo piccolo. Anche un "itinerario obbligato", ordinato cronologicamente con un inizio e una fine fissati storicamente, dovrebbe lasciare spazio a futuri sviluppi e orizzonti artistici. Il fatto che a Stoccarda ciò sarà possibile solo in misura limitata, si deve imputare alla committenza e non all'architetto, anche se proprio la più recente storia dell'architettura non è del tutto priva di soluzioni positive, a questo riguardo, con costruzioni "aperte", ma significanti da un punto di vista estetico-formale.

Capacità di vivere e capire il costruito, che sole emancipano l'utente, dovrebbero essere caratteristiche indispensabili per l'architetto. Al di là dell'attrattiva populistica, il modello

impressive routes formed by the ramps and stairs along with those of the galleries, with their elegant intersections in perspective, and of the portico around the rotunda. Although superfluous to some extent from the point of view of statics, the dominant mushroom-shaped column of the entrance, which give the oppressive appearance of a crypt to the temporary exhibition area in particular, had already been envisaged for the Olivetti headquarters in Milton Keynes (1971). What is new, here in Stuttgart, is the remarkable and statically extravagant "pencil-shaped column" which, although it does carry the main weight of the ramp, does not manage, because of the underground garage beneath, to discharge "correctly."

The marvellous curved-glass shell of the foyer has antecedents – though without the striking spatial distortion – in previous works by Stirling, including the project for the Dresdner Bank in Marburg (1977). The combination of stairs and lift – the latter shaped like an enormous piece of meccano – had already appeared, in an almost identical form, in the Milton Keynes and Düsseldorf projects, before being realized here for the first time. Even the drum of the revolving doors, the inner portico of the rotunda and the spreading "shopping-temple" of the foyer were already to be found in the projects for Düsseldorf and Cologne.

But to go on listing these "self-quotations," which could be done *ad infinitum*, seems pointless when one considers that Stirling sees this self-reflective recapitulation of his own spatial inventions (which also dominated his contribution to "Roma interrotta" in 1979) more as immanent evolutionary continuity than as regressive repetition.

The effect ot the main floor and of that of the gallery – as has been said – is characterized by its adaptation to a 19th-century conception of museum space. But Stirling would not be Stirling if he had not been concerned to lay suitable emphases, e.g. the "narrowing" between the old and the new buildings, which seems over-orchestrated, or the revolving doors and the ceilings with skylights with bright green steels frames or, again, the frail and cunning fragments of roof eaves that serve to give shelter from the sun.

The very limited exhibition of objects of art put on by the clients has been able to hold its own, though not without being contested, despite this architectural abundance.

What has turned out to be limited, but almost unequalled as far as architectural features are concerned, is not so much the interior, partly covered with a floor made out of grass-green rubber, as the exterior, further accentuated by the "supergraphics," gaudy applications enamelled in primary colours. These denote the individual elements of the building, alongside which post-modern mannerisms have been able to develop without let or hindrance. The neo-constructivist glass and steel roofs, opening up to the sky, recklessly suspended and daringly proportioned, illustrate with irony, through the number of their piers, the hierarchy of entrances. A metal mushroom-shaped column, painted yellow, underpins the depressed arch of the tunnel under the Kammertheater in defiance of the laws of statics. The bright red containers of the revolving doors block passage instead of assisting it. Pastel colours and gigantic piping painted light-blue accompany as useless surrogate for the handrail, the ramps faced with natural stone in a discordant contrast. And in the rear part of the complex the huge fans of the air-conditioning plant, painted in no less bright colours, remind one of the Centre Pompidou. The greenery sprouting on the terraces, the rotunda and the basement will have difficulty in standing up against these carefully calculated "fractures."

What is left after all this is the contradictory impression of a building that, on very different levels and by the most disparate means, summarizes, instructs, manipulates and stimulates in ways that range from the versatile to the inscrutable. In so far as it is accessible architectural sculpture, of great significance for free time, it will help fear of the museum to be got over without difficulty and in this way is fully in keeping with the desire of designer and clients alike to make the building a popular one.

That contemporary architecture like this could become a magnet of such dimension for the public was, at least in Stuttgart before Stirling's building, something unimaginable, although Hollein's museum in Mönchengladbach and other German museums have seen a constantly increasing flow of visitors in recent years. There are, besides, functional, iconographic and theoretical aspects that affect more or less unconsciously the user of such a building. Stirling's Neue Staatsgalerie is, from a point of view which emphasizes content over form, an antiquated museum, and therefore anything but a modern and "open" museum. Moreover, despite its imposing bulk, the museum is already too small. Even an "obligatory route," chronologically ordered and with a historically fixed beginning and end, ought to leave space for future artistic developments and horizons.

The fact that in Stuttgart this will only be possible to a limited extent should be blamed on the clients and not the architect, even though the most recent history of architec-

di Stoccarda di Stirling agisce, per molti aspetti, in modo così "autoriflessivo", cioè così "impregnato" di se stesso e della propria origine, che questo essenziale compito didattico viene quasi trascurato. La multilateralità simultanea di pretese intellettuali, di associazioni e di codici iconografici corrispondenti produce una specie di autonomia estetica ma non fornisce in alcun modo ausili didattici. Nessuno vorrà seriamente contestare il fatto che la costruzione di Stirling sia una "architecture parlante" d'alto livello, ma essa viene purtroppo resa illeggibile dalla diligente cancellatura di chiare tracce di trasformazione e da un *understatement* ironico e distaccato.

Con tutto ciò la Neue Staatsgalerie di Stoccarda, similmente alla Philarmonie di Berlino di Scharoun (mi si consenta il paragone) potrebbe sì diventare un edificio "che fa epoca", ma non "fare scuola". Esso, infatti, in modo evidente come raramente prima nella Germania federale, mette in rilievo tutte quelle sciocchezze tra pretesa intellettuale e disciplina iconografica, tra ricezione di "immagini" del passato e proiezioni di mondi futuri, tra autoriflessione soggettiva dell'autore e grado di oggettività dei suoi messaggi che sono tipiche di un genere architettonico ben definito: dell'architettura transitoria, dell'architettura in periodi di transizione. Una volta il maestoso palazzo Tè (1525) di Giulio Romano a Mantova toglieva il fiato agli intenditori e, nondimeno, quasi non incideva sugli eventi architettonici pubblici; ora, anche la costruzione di Stirling potrebbe restare, nonostante il grande numero di visitatori, un altro esempio di "progetto privato del Moderno". Vista sotto questa luce, la Neue Staatsgalerie incarna un'architettura transitoria di altissima qualità.

ture is not entirely devoid of positive examples of this kind of "open" construction but still significant from the aesthetic and formal point of view.

Acceptability and comprehension of the building, which only serve to emancipate the user, should be a "demand" of the architect. Apart from its popular appeal, Stirling's Stuttgart model functions, in many ways, in such a "self-reflective" manner, i.e. so "taken up" with itself and its own origin, that this essential didactic task is almost overlooked. The simultaneous multilateralism of intellectual pretensions, of associations and of corresponding iconographic codes produces a sort of exotic autonomy but in no way provides any educational aids. No-one would seriously dispute the fact that Stirling's construction is "architecture parlante" of a high level, but it is unfortunately made illegible by the painstaking elimination of any clear traces of transformation and by an ironical and detached understatement.

For these reasons the Neue Staatsgalerie in Stuttgart, like Scharoun's Philarmonie in Berlin (if I may be permitted the comparison), could indeed become an "epoch-making" building but not the basis of a "school." In fact, in a clear-cut fashion rarely seen before in West Germany, it throws into relief all those follies arising out of intellectual pretension and iconographic discipline, out of the reception of "images" from the past and the projection of future worlds and out of the architect's subjective self-understanding and the degree of his messages' objectivity that are typical of a well-defined architectural genre: that of transitory architecture, of architecture in periods of transition. Once Giulio Romano's majestic palazzo Tè (1525) in Mantua took away the breath of connoisseurs and yet had virtually no influence on public architectural affairs; now, Stirling's construction may also remain, despite the great number of visitors, a fine example of a "Modern architect's private project." Seen in this light, the Neue Staatsgalerie nevertheless embodies a "transitory architecture" of very high quality.

Neue Staatsgalerie, Stuttgart
James Stirling, Michael Wilford and Associates
Contact architect: S. Wernig

Photos by Giovanni Chiaramonte

Passaggio sotto il corpo del teatro e particolare dell'ancoraggio della pensilina metallica.

Passage under the body of the theatre and detail of anchorage of metalwork canopy.

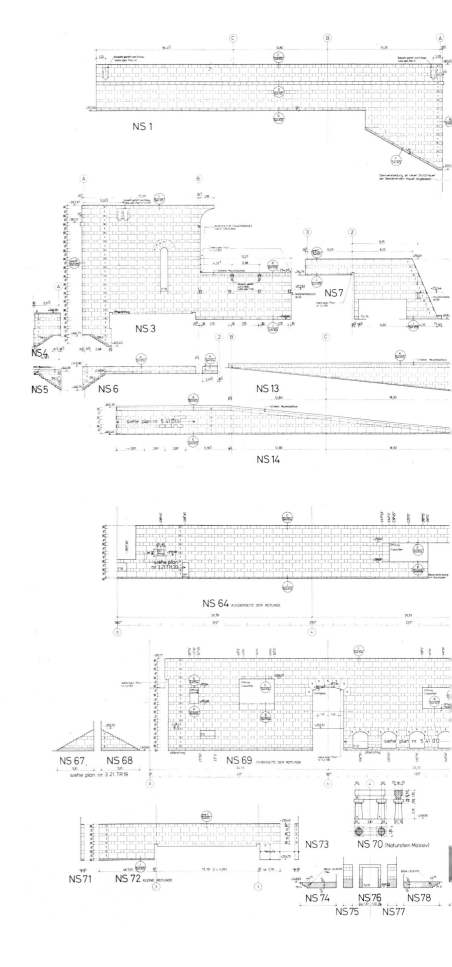

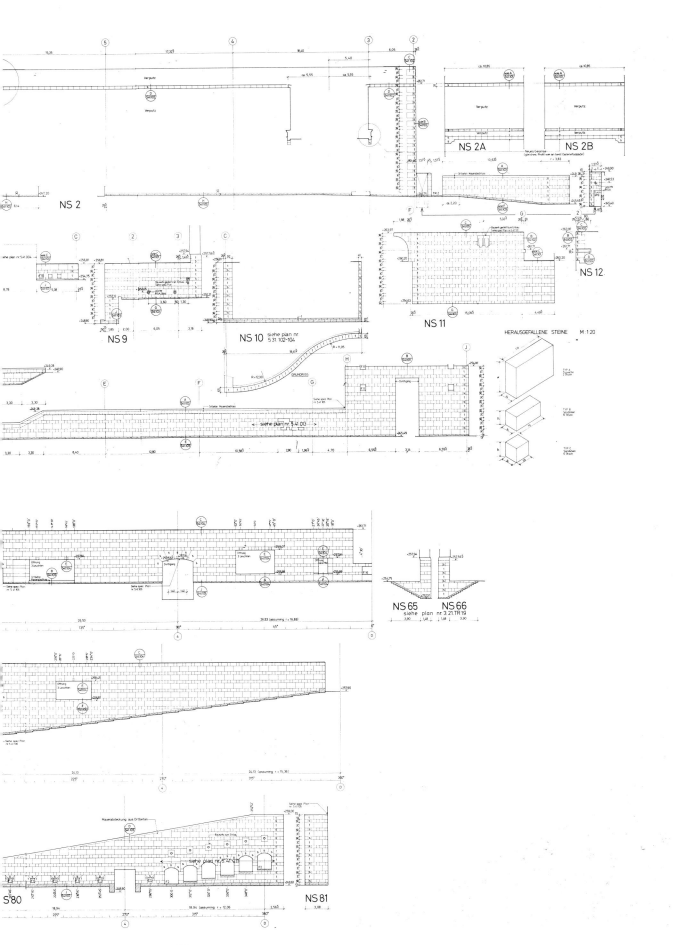

Tavole esecutive dell'assemblaggio
delle pietre.
Working drawings of stonework.

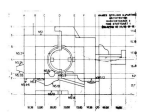

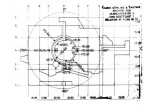

NS 2A   NS 2B

NS 2

NS 12

NS 9   NS 10   NS 11

HERAUSGEFALLENE STEINE   M 1:20

NS 65   NS 66
siehe plan nr. 3.21 TR 19

S 80   NS 81

37

Vedute della terrazza superiore e della corte rotonda.

Pianta e prospetto parziali del cortile centrale.   *Plan and partial elevation of central court.*

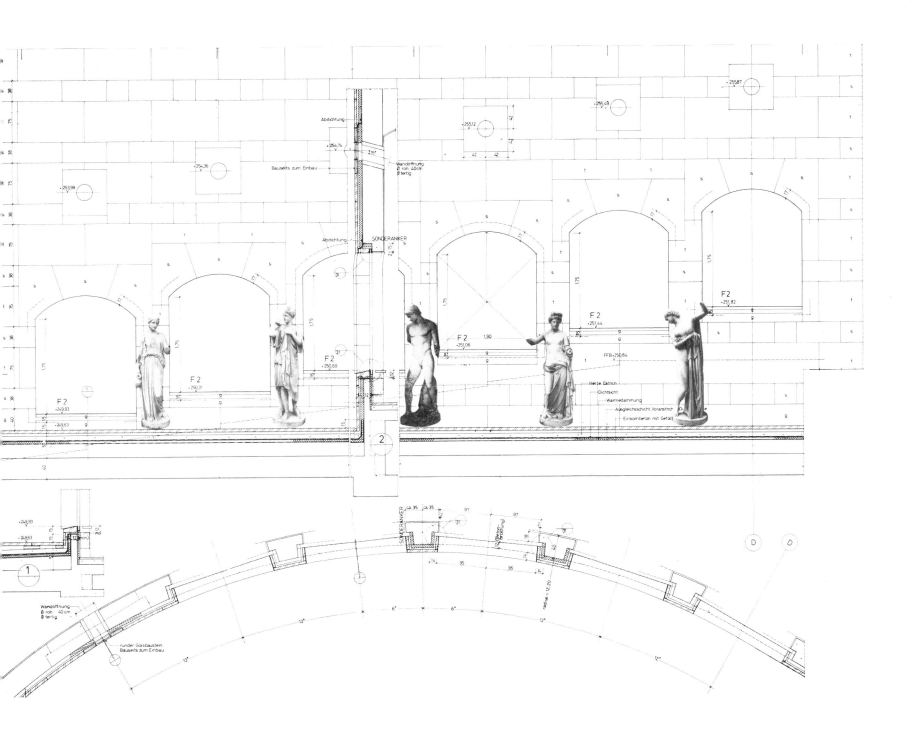

41

Il museo come zona pedonale. *The museum as pedestrial zone.*

45

Vedute degli spazi espositivi.

Views of display areas.

Moreau le Jeune (da uno schizzo di Charles de Wailly), L'Architettura presenta la pianta dell'Odeon ad Apollo (Luigi XV) circondato da Melpomene e Talia, 1773 (Waddesdon Manor Collection).

Moreau le Jeune (after a sketch by Charles de Wailly), Architecture presenting the plan of the Odéon to Apollo (Louis XV), surrounded by Melpomene and Thalia, 1773 (Waddesdon Manor Collection).

La fisionomia dei teatri francesi
Città e teatro nel XVIII e XIX secolo

Physiognomy of French theatres
City and theatre in 18th and 19th centuries

Daniel Rabreau

"Divina armonia! ... Dono degli dei, come è possibile che per tanto tempo si siano trascurate le risorse che appronti per vincolare al tuo prestigio tutti gli esseri suscettibili di subirne il fascino? ... Perché non analizzare l'interesse che fa convergere in uno stesso centro i discepoli di Apollo?"[1]

"Divine harmony! ... Gift of the gods, is it not surprising that the resources you prepare to bind to your illusion all beings susceptible to attraction have been neglected for so long? ... Why not turn to the concern that brings the disciples of Apollo to the same centre?"[1]

Il 18 luglio 1867, Richard Wagner scriveva a Luigi II: "E così, andate a Parigi. A essere sincero, approvo pienamente questa idea di interrompere per breve tempo i vostri rapporti abituali con gli uomini e le cose. Quanto a Parigi, essa è divenuta, stranamente, la sola città per cui io serbi ancora un certo interesse fatto di curiosità e simpatia. Vi ho trascorso periodi talmente dissimili fra loro, e attraversato fasi talmente importanti per l'evoluzione dei miei rapporti con il mondo, che quando parlo del mio comportamento di fronte ad esso mi riferisco sempre alle mie esperienze parigine, le più decisive fra quante ne ho vissute. Se mi capita di far ritorno in quella capitale dell'Universo dopo un'assenza prolungata, sono ansioso di verificare l'ordinamento delle sue vie più di quanto non mi accada in tutte le altre città in cui ho vissuto. E ciò è naturale, giacché Parigi è il punto culminante della direzione verso cui si muove attualmente il mondo. Le altre città non sono che semplici 'tappe'. Parigi è il cuore della civiltà moderna". Segue un elogio dei registi e degli scenografi parigini, a paragone dei loro colleghi tedeschi; e, infine, viene avanzata la seguente riserva: "Conosco una sola cosa che a Parigi non potrebbero inventare, e neppure imitare: ed è il Teatro delle Feste con, al suo interno, i *Nibelunghi*"[2].

Per esperienza diretta, Wagner conosceva bene, infatti, la sorte riservata alla sua opera dai membri del Jockey Club. L'Opéra di Garnier, il vincitore del grande concorso del 1861, anno del fiasco parigino del *Tannhäuser*[3], era ancora in fase di costruzione quando la metropoli del barone Haussmann operava la sua clamorosa metamorfosi. Richard Wagner aveva ragione: se si eccettua il suo stesso Festspielhaus di Bayreuth, dotato di caratteristiche del tutto singolari, l'Opéra di Parigi era destinata a divenire l'edificio *visibilmente* più rappresentativo della propria categoria, quella del teatro *urbanizzato*, punto di contatto e d'incontro delle prospettive di una trama urbana votata alla rappresentazione sociale. Se all'Opéra aggiungiamo i teatri di Davioud allo Châtelet, il pro-

On July 18, 1867, Richard Wagner wrote to Ludwig II: "So you are going to Paris. To be frank, this little break in your usual dealings with men and things, pleases me greatly. In a strange way, this Paris has become the only city in which I retain a certain interest compounded of curiosity and affection. My life there was so different and I went through such important stages in the evolution of my relations with the world there, that when I speak of my demeanour towards the latter, I always refer to my experiences in Paris, the most important of my life. If I come back after a while to Paris, this capital of the Universe, I am more curious about the arrangement of its streets than about those of any of the other cities where I have lived. And this is only natural for Paris is the culminating point of the direction in which the world is drifting at present. Other cities are nothing but 'halting-places.' Paris is the heart of modern civilization". He followed this with a eulogy to Parisian producers and scene-painters as compared with their German counter-parts, with this final reservation: "I only know one thing that they will not be able to contrive, nor even manage to copy in Paris – and that is the Festspielhaus with the *Niebelungen* inside it."[2]

In fact Wagner knew, from experience, the fate reserved for his work by the members of the Jockey Club! The Opéra of Garnier, winner of the great competition of 1861, the year of *Tannhäuser*'s[3] flop in Paris, was only under construction at the time when the metropolis of Baron Haussmann underwent its famous moult. Richard Wagner was right: with the exception of his own Festspielhaus in Bayreuth, with its singular qualities, the Paris Opéra was going to become the most *visually* representative building of its type, that of the *urbanised* theatre, point of contact and node of the perspectives of an urban fabric dedicated to social representation. If one adds to the Opéra Davioud's theatres in Châtelet, Berlioz's design for the Orphéon[4] and several *théatres de boulevard* (the name is emblematic), one cannot help but acknow-

49

Née (da Lallemand), veduta del teatro francese Odéon e della piazza in costruzione, c. 1785 (Bibliothèque de l'Arsenal, Parigi).

Née (after Lallemand), view of the French theatre Odéon and the square under construction, c. 1785 (Bibliothèque de L'Arsenal, Paris).

Veduta attuale della rue de l'Odéon, dal foyer e attraverso il portico del teatro.

Present view of the rue de l'Odéon from the foyer, through the porch of the theatre.

getto di un Orphéon berlioziano[4], nonché svariati *teatri di boulevard* – denominazione tipizzata –, non si può negare che nell'ultimo terzo del XIX secolo Parigi avesse raggiunto in quest'ambito una posizione di primo piano.

Né si trattava di un fenomeno nuovo. Un secolo prima, sotto il regno di Luigi XV che assimila e ben presto trascende la sala "all'italiana", il teatro abbandonava la Corte, il collegio dei Gesuiti o gli interni degli spettacoli di società per trasformarsi in funzione municipale permanente, immediatamente tradotta in problema di estetica urbana. Per un fenomeno che non ha eguali in alcun paese straniero prima della Rivoluzione, nella provincia e nella capitale francese l'arte "all'antica" dei *Lumi*[5] cercava di esprimere, con convinzione, l'identità culturale di una comunità urbana in via di trasformazione. Le norme concrete di tale urbanizzazione monumentale, imperniata sul teatro come intorno a un nuovo culto[6], sono identiche nel XVIII e nel XIX secolo: sanciscono la presa di potere da parte delle società capitaliste attraverso la creazione di un ambiente specifico. Gli appaltatori di imposte, commercianti e banchieri protettori di cantanti o ballerine, legati al potere aristocratico, hanno preceduto gli industriali capitalisti e speculatori dell'epoca di Degas. La visione di Haussmann si irradia anche dal foyer della Danza, e ben lo espresse Carpeaux, ma con un'accentuata sfumatura carnale assai lontana dalla decorosa austerità delle Muse settecentesche, e che non mancò di scandalizzare i buoni padri di famiglia attenti alla lettura della *facciata*[7].

Ma la matrice ideologica non basta a render conto né delle variazioni di scala né, soprattutto, dell'evoluzione stilistica che caratterizzano l'architettura teatrale e, in particolare, quella dell'opera. Fra il *revival antico* dell'Ancien régime e l'*eclettismo* borghese in architettura c'è la stessa distanza che fra la riforma di Gluck e quella di Wagner. Eppure, si tratta di due fenomeni strettamente correlati. Si può giudicare l'estetica dalle intenzioni? O, all'opposto, ignorarle, come troppo spesso vorrebbe la storia degli *stili*? In margine allo scandaloso insuccesso parigino di Wagner, l'elogio di una capitale, vera area sacra del modernismo, può apparire sorprendente. Esso s'inquadra nondimeno nella logica del mecenatismo di Luigi II, costantemente riattivato dal suo *cicerone* epistolare... Ma il musicista sognava in un teatro a Monaco, non a Bayreuth; e, evidentemente, Luigi II non era Napoleone III: "È appunto perché il Re non può imporre la propria volontà neppure nel campo dell'arte, che il popolo finisce per dubitare della sua energia. Perciò sostengo che se malgrado tutto e tutti il Re di Baviera chiamasse Semper[8] a ricoprire una carica

importante, e facesse venire Liszt a stabilirsi a Monaco, con un incarico di sua scelta al servizio della musica e innanzi tutto della chiesa ..., il popolo sarebbe indotto al rispetto e chiacchieroni non troverebbero nulla a ridire"[9]. Con quanta invidia Wagner doveva assistere agli odiati trionfi di Meyerbeer e di Offenbach, usurpatori della Grande Arte nella città più spettacolare del mondo! A prescindere da ogni nostalgia sciovinistica, che cosa si può pensare, a oltre un secolo di distanza, dell'immagine di Parigi come teatro del mondo?

Il concorso del 1983: secondo quale tradizione?

L'architettura "alla francese" torna di moda[10]; come ai tempi di Wagner, l'esposizione universale sembra ritrovare la via dei lungosenna; l'attualità del periodo di crisi economica genera insidiosi discorsi sulla cultura salvatrice. Rivoluzionario nel 1789, imborghesito nei suoi velluti rossi nel 1889, nel 1989 il teatro dell'opera parigino sarà popolare: nobiltà (di genere) fa obbligo.

Da Nini-peau-d'chien alle Filles-fleurs, il regno della fisarmonica, la Bastiglia-simbolo, aspira ormai alla dignità dei luoghi consacrati a Casta Diva e ai grandi cori. La parola agli architetti: non si tratterà né di una riconversione, operazione ormai desueta, né della ristrutturazione di un edificio adorno di sculture e in attesa di destinazione, come nel caso dell'ex teatro Sarah Bernhardt... Di fronte alla colonna del Genio della Libertà, sorgerà il nuovo teatro dell'Opéra. Avrà un volto? Un *carattere*, come si usava dire in passato? Ci apparirà come il *tempio* secolare della Riunione delle Arti? Comunque sia, la continuità sembra assicurata e, parafrasando César Daly, che riconosceva nella stazione ferroviaria l'espressione più alta del genio del suo tempo, il ministero esclama: "L'industria e il commercio hanno ovunque sostituito l'agiatezza alla povertà, il benessere alla sofferenza, l'abbondanza alla privazione. La ricchezza porta con sé il *lusso*, i cui piaceri non possono essere nobilitati che dall'*Arte*. Dal punto di vista architettonico, è l'*Opéra* – mirabile riassunto, o meglio, concentrato di tutte le potenze dell'arte – a offrire l'immagine più completa di questa nuova tendenza della società moderna"[11].

Il 1789 trova così degna conclusione: con la presa della Bastiglia si è conquistata anche l'Opéra. Il simbolo del potere assoluto, gentile museruola della Corte e luogo d'elezione dell'autocompiacimento, si è sviluppato per tre secoli interi, lontano dalle folle e tuttavia imponendosi fisicamente con la sua architettura. Ed è proprio questa *fisionomia monumentale*, fino ad allora vietata dai costumi e soprattutto dalla Chiesa

ledge the opulence of Paris in this realm over the course of the last third of the 19th century.

This was nothing new. A century earlier, under the reign of Louis XV in which the "Italian-style" playhouse was assimilated and soon transcended, the theatre moved out of the court, the Jesuit college and the at-home performances of society and began to play a permanently municipal role, immediately translated into a problem of urban aesthetics. In the province and in Paris, as nowhere else abroad before the Revolution, the old-style art of the *Lumières*[5] sought to express, with conviction, the identity of an urban community undergoing change. The concrete rules of this monumental urbanisation, centred ont the theatre as if around a new creed[6] were exactly the same in the 18th century as in the 19th; they consecrated the rise to power of capitalist societies which, in one way or another, were setting up homes of their own. The farmers-general, shopkeepers and bankers, with ties to aristocratic power, preceded the industrial capitalists and speculators of the age of Degas as patrons of singers or dancers. Haussmann's vision also radiated from the Dance hall – Carpeaux gave expression to it, but with a sensual allure that drove away the decorous Muses of the 18th century: respectable fathers of families who took the trouble to examine the *facade* were shocked by it.[7]

Yet ideological certification does not explain the variations in scale nor still less the stylistic evolution undergone by the architecture of theatres and, in particular, that of the Opéra. The distance from the *antique revival* of the Ancien régime to bourgeois eclecticism in architecture is just as great as that between the reform of Gluck and that of Wagner. Nevertheless the two are linked. Can one judge aesthetics on the basis of its intentions? Can one, on the contrary, ignore them as the history of *styles* is too often willing to do? Given Wagner's scandalous reception in Paris, his praise of the capital as the true shrine of modernism might be surprising. And yet it fits with Ludwig II's policy of patronage, unceasingly encouraged by his epistolary *cicerone*... But the musician was dreaming of a theatre in Munich and not at Bayreuth; obviously, Ludwig II was not Napoleon III: "It is just because even in this realm of art, the King cannot impose his will, that the people have doubts about his energy. And I maintain that if, despite everything and everyone, the King would call Semper[8] to give him an important post and if he would call Liszt, so as to find him a position in the service of music and, above all, of the church ... so that he would stay in Munich, the people would develop respect for him, and the gossips

hold their tongues."[9] With what greedy envy must Wagner have watched the despised triumphs of Meyerbeer and Offenbach, those usurpers of Great Art, in the most spectacular city in the world! If one ignores the chauvinistic nostalgia, what to think of this image: Paris, theatre of the world, after the lapse of more than a century?

The 1983 competition: in what tradition?

Architecture "à la française" is back in fashion;[10] the universal exhibition, as in the time of Wagner, seems to have found its way back along the banks of the Seine; the economic crisis of the present day has resulted in some insidious questioning of the culture of preservation. The opera, in the street in 1789, made bourgeois with its purple upholstery in 1889, the opera will be popular in Paris in 1989: *noblesse oblige* here too!

From Nini-peau-d'chien to the Filles-fleur, the capital of the accordion, this Bastille-symbol aspires to the dignity of places devoted to the Goddess and to the great choirs. Enter the architects: this is not going to be a loft, good for the museum, nor the curetage of a poorly finished building, such as the old theatre Sarah Bernard... The new Opéra will go up opposite the column of the Spirit of Liberty. Will it have a face? *Character*, as one used to say? Are we going to see a secular *temple* of the Reunion of the Arts? However it turns out, continuity seems assured and, paraphrasing César Daly, who recognized that the station was the highest expression of the spirit of his age, the ministry should cry out: "Industry and commerce have everywhere replaced poverty by affluence, suffering by well-being, privation by abundance. With wealth comes *luxury*, the enjoyment of which can only be enobled by *Art*. Architecturally it is the *Opéra*, that marvellous epitome, or rather that concentration of all virtues of art, which is the most complete image of this other trend in modern society."[11]

1789 is consummated: by taking the Bastille, they conquered the Opéra! The symbol of absolute power, obliging muzzle of the court and favourite place for enjoying oneself in the company of others, developed over the course of three centuries, away from the crowd, while imposing itself physically by its architecture. And it was just this *monumental physiognomy*, formerly prohibited by custom and, above all, by the rival Church, which obsessed the architects, from Soufflot to Garnier, by way of Victor Louis, Ledoux, De Wailly and soon, from beyond the Rhine, Schinkel and Semper. How can one avoid remembering that in the middle of the

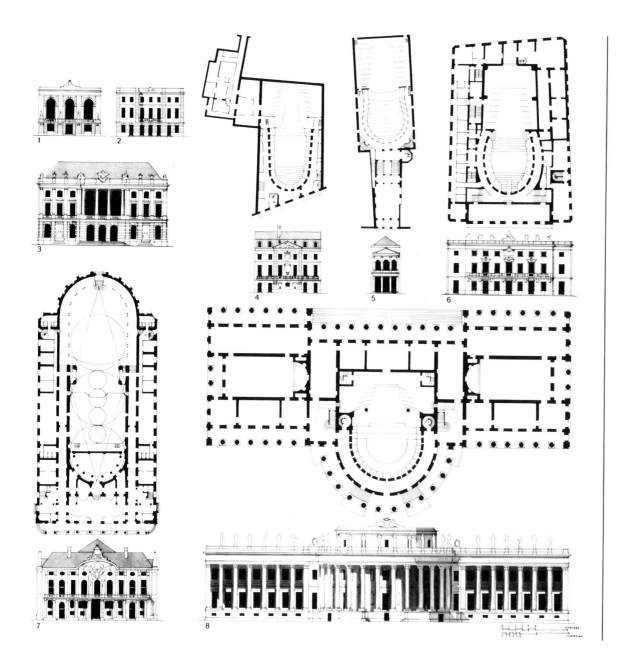

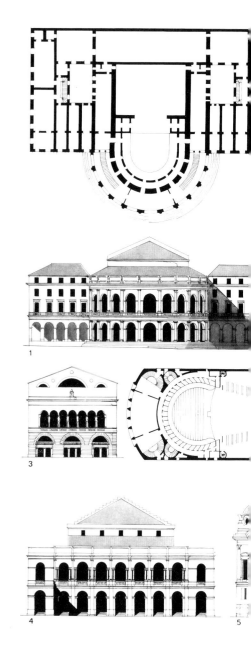

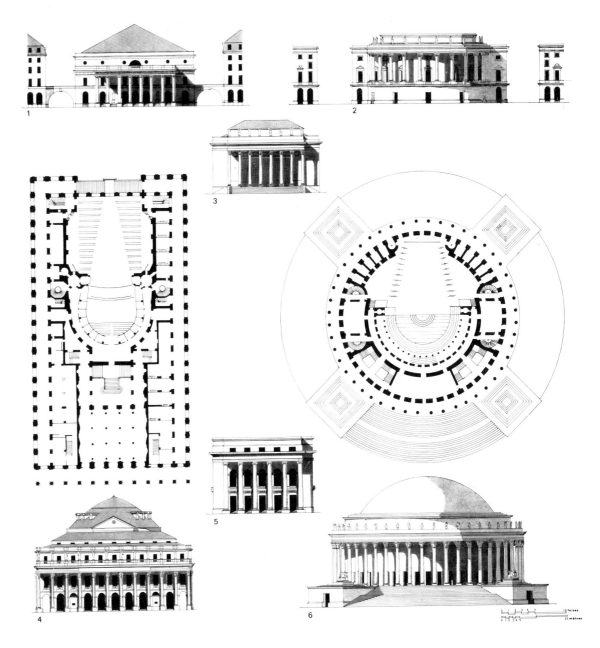

Ransonnette, Théâtre Italien, Parigi costruito da Heurtier, 1781-83 (Bibliothèque Nationale, Parigi).

Ransonnette, view of the Théâtre Italien in Paris, built by Heurtier [...] 1781-83 (Bibliothèque Nationale, Paris).

concorrente, a ossessionare gli architetti, da Sufflot a Garnier, passando per Victor Louis, Ledoux, De Wailly e ben presto, al di là del Reno, Schinkel e Semper. Come non ricordare che verso la metà del XVIII secolo, a mezza strada fra il Re Sole ballettomane e le feste della Rivoluzione, i filosofi francesi della vita urbana fondavano una vera e propria teoria dello spettacolo civico?

Voltaire è fra i primi a pronunciarsi, in termini estremamente, perspicaci, sul futuro del teatro dell'Opéra, che egli ritiene debba essere considerato *nazionale*, alla pari della sacrosanta Comédie française, sede abituale dei suoi trionfi d'autore: "In base a quale vergognosa consuetudine la musica, che può elevare l'animo ai grandi sentimenti e che i Greci e i Romani destinavano esclusivamente alla celebrazione della virtù, non serve nel nostro Paese che a cantare canzonette d'amore! Possiamo solo augurarci l'avvento di un genio capace di emendare la nazione da questo abuso e di assegnare a uno spettacolo *divenuto ormai necessario* [corsivi nostri] la dignità e i costumi di cui difetta"[12]. Diderot, dal canto suo, si spinge ancor più lontano sostenendo che il teatro unito alla musica è il solo genere di spettacolo che si addica all'immensa folla del pubblico di una grande città. Non si tratta più, dunque, "di divertire a scadenze fisse e con orario prestabilito, in un ambiente piccolo e buio [sic], qualche centinaio di persone", bensì di creare la festa in città. Si instaureranno così "l'influenza reciproca degli uomini e il propagarsi delle passioni"[13]. D'Alembert, infine, profetizza ironicamente: "Conserviamo dunque l'opera così com'è, se desideriamo conservare il regno"[14]. Si sa come andò a finire: ed è appunto ciò che l'Opéra popolare del 1989 intende commemorare.

Mentre scrivo queste pagine, dunque, centinaia di architetti, da Quebec a Tokyo, meditano su questa "realizzazione, sul sito dell'ex stazione della Bastiglia, di un teatro dell'opera moderno e popolare"[15]. Sono parole dello stesso presidente della Repubblica francese, che desidera una "vera e propria *Maison de l'Opéra*". La "qualità architettonica" e l'"inserimento nel contesto ambientale" figurano a tutte lettere, quali dati preliminari cui gli architetti dovranno adeguare la propria inventiva. Potrebbe sussistere qualche dubbio? Nondimeno, è tutto già previsto, non solo il programma, ma anche il partito da adottarsi: sarà un'Opéra "per registi", così come vuole la moda; l'architetto non deve fare altro che idearne il *costume*, e non importa se l'area, già troppo esigua per una sala di convenienti dimensioni e gli spazi annessi, sarà in gran parte occupata da un complesso di macchinari degni dell'era dell'elettronica.

La posta in gioco è alta, poiché il nuovo teatro è destinato essenzialmente alla "formazione di giovani artisti e strumentisti". Un programma, questo, che ricorda l'ideale didattico dell'età dei *Lumi* e dell'*Encyclopédie*; nel progetto esposto dal capo dello Stato si perpetua la tradizione del legame fra potere e pubblico attraverso la mediazione del teatro monumentale. Ma si può considerare di buon augurio la decisione di chiamarlo "Casa", ovvero l'antitesi del monumento pubblico, come già sottolineava nel 1768 l'architetto Charles De Wailly a proposito dell'antica Comédie française di Luigi XIV (mediocre edificio cui di lì a poco egli avrebbe sostituito un vero Tempio di Apollo)[16]? L'equivoco *post-moderno*, poco avvezzo ai simboli, sarà in grado di tradurre il generoso discorso del 1983, e sotto quale forma?

Oggi che in architettura come in politica la storia ritrova una certa vitalità, appare indispensabile interrogare il procedimento creativo degli antichi. Ma su quale base fondarsi? Curiosamente, non disponiamo neppure di una buona storia dell'architettura teatrale in Francia[17]. Soltanto le sale e la loro origine italiana sono state oggetto, in passato, di alcuni studi approfonditi[18]; ma né l'insieme del monumento, né la sua concezione prettamente urbana né, soprattutto, la sua *fisionomia* che presenta in due secoli una così rapida evoluzione, hanno suscitato alcun approccio critico sintetico paragonabile a quanto è stato fatto nell'ambito della storia delle cattedrali o delle stazioni. Non si può negare che l'architettura teatrale sia stata finora trascurata, probabilmente a causa della sua apparizione troppo recente nella genealogia degli edifici e dei periodi ricostruiti dalla storia dell'arte tradizionale, e, in secondo luogo, per la sua costituzione fragile, se non addirittura effimera, segnata da incendi e da continui rifacimenti distruttori.

Anche nelle numerose pagine che Louis Hautecoeur dedica a questo tipo di edifici negli ultimi quattro volumi della sua *Histoire de l'architecture classique en France* si cercherà invano una trattazione esaustiva dell'argomento, che pure viene esplicitamente riconosciuto come uno dei più importanti del XVIII e del XIX secolo. L'autore si è occupato piuttosto dell'interno delle sale, il cui sviluppo può essere facilmente ricostruito sulla base delle pubblicazioni teoriche che si ripetono a partire dal 1760, e si limita a una nomenclatura delle forme, senza preoccuparsi di analizzarle nel loro contesto. Nessun tentativo di tracciarne l'evoluzione; l'informazione di tipo impressionista si accontenta di un'approssimazione che deforma l'atmosfera creativa di un'epoca attribuendole un'apparente uniformità. "I grandi edifici costruiti per soddi-

llemand, veduta dell'Opéra struita da Lenoir le Romain nel '81 (Bibliothèque Nationale, arigi).

Lallemand, view of the Opéra built by Lenoir le Romain in 1781 (Bibliothèque Nationale, Paris).

18th century, half-way between the ballet-loving Louis XIV and the festive Revolution, our philosophers of urban life laid down a general theory of civic entertainment?

Voltaire was one of the first to express himself, in very shrewd terms, on the prospects of the Opéra which ought to be viewed, in his opinion, as a *national* theatre, on a par with the sacrosanct Comédie française, the usual venue for his own triumphs as an author: "By what shameful custom should music, which can stir the soul to lofty sentiments, and which was only used by the Greeks and the Romans to celebrate virtue, be used by us merely for love songs! It is to be hoped that some spirit will arise strong enough to turn the Nation from this abuse and to give to an entertainment that has *become necessary* [I underline] the dignity and the morality that it lacks."[12] Diderot went further by claiming that drama associated with music is the only kind of entertainment suited to the vast mass of public in a big city. Thus its was no longer a matter of "entertaining on a certain day, from this hour to that hour, some hundreds of people in a dark little place [sic]," but of creating a festival in the city. Then intervened "the action of men on each other and the communication of deep emotions."[13] Finally, D'Alembert prophesied ironically: "So let us keep the opera as it is, if we wish to preserve the realm."[14] We know what happened; the opera-house of the people will be celebrated in 1989!

Thus I am writing this article at a time when hundreds of architects, from Quebec to Tokyo, are dreaming of this "construction of a modern and popular opera-house on the site of the old Bastille station."[15] The words are those of the President of the Republic himself, who desires a "real *Maison de l'Opéra.*" The "architectural quality" and "insertion into the site" figure in all his letters as preliminary conditions to the imaginative display of architects. Any doubts left? And yet everything is in place: programme and purpose; it will be a producer's opera-house as fashion demands; the architect has only to *dress it up* and too bad if the site, too small for a fine playhouse with its entrances, is taken up by scenery-space worthy of the electronic era!

The stake is an important one because the essential mission of the new Opéra will be to "train young performers and musicians." The aim recalls the didactic ideal of the age of *Enlightenment* and the *Encyclopedia*; the intention of the head of state perpetuates the tradition which links Power to the Public in the monumental theatre. Is it a good sign however to call it "Maison" – house, the antithesis of the public monument, as the architect Charles De Wailly had pointed

out back in 1768, in reference to the old Comédie française of Louis XIV, a mediocre building that it shortly became necessary to replace with a genuine Temple of Apollo?[16] Will the ambiguous *post-modern*, little accustomed to the symbol, be capable of giving expression to the overall feeling of 1983 and, in concrete terms, in what form?

At a time when history, in architecture as in politics, is regaining some of its vitality, it would seem indispensable to take a look at the creative methods of our forefathers. On what should the lesson be based? Curiously, there is not even one good history of theatrical architecture available in France.[17] At the most, some serious studies of playhouses and their Italian origin have been made in the past;[18] but the totality of the monument, its genuinely urban conception and, above all, its rapidly evolving *physiognomy* over the course of two centuries have not been the subject of any all-embracing critical treatment, comparable to those by the historians of cathedrals or railway station. Not much love for theatrical architecture? Without doubt, for it is of too recent appearance in the genealogy of buildings and of the ages covered by conventional art history; of fragile constitution too, even ephemeral, punctuated by fires and incessant destructive remodellings.

Louis Hautecoeur, who devoted to this type of building numerous pages scattered through the last four volumes of his *Histoire de l'architecture classique en France*, did not exactly shine on this subject, even though it was regarded as one of the most important of all in the 18th and 19th centuries. He was more concerned with the development of the interior of playhouses, easy to explain on the basis of a host of theoretical publications that began to appear from 1760 onwards; he contented himself with a nomenclature of forms, without analyzing them in their context. Their evolution is not traced; information on the impression given is restricted to an age while giving it a false air of uniformity. "Large buildings built to satisfy collective requirements present the same choices, the same arrangements as mansions and castles," he wrote in his chapter devoted to theatres during the reign of Louis XIV; "The clear difference that existed between them at the beginning of the 18th century disappeared around 1760, at a time when architects wished to give the same monumental character to their houses as to their public buildings." And to conclude, on the subject of playhouses: "Thus none of their facades presents any special character."[19] Pure invention! The historian of classical architecture reasoned according to the established ideas of the 19th century

Bélanger, nuovo Théâtre de la
Monnaie a Bruxelles, 1804
(Bibliothèque Nationale, Parigi).

Bélanger, design for the new Théâtr
de la Monnaie in Brussels, 1804
(Bibliothèque Nationale, Paris).

sfare i bisogni collettivi presentano gli stessi partiti, la stessa disposizione che caratterizzano i palazzi e i castelli", si legge nel capitolo dedicato ai teatri del regno di Luigi XVI; e ancora: "La netta differenza che all'inizio del XVIII secolo esisteva fra gli uni e gli altri scompare dopo il 1760, quando gli architetti decidono di dare alle case il medesimo carattere monumentale degli edifici pubblici". E l'autore conclude, a proposito delle sale di spettacolo: "Tutte queste facciate non presentano dunque alcun carattere specifico"[19]. Il che è pura invenzione: lo storico dell'architettura classica fonda il proprio ragionamento su dati stabiliti nel XIX secolo e, nel caso del teatro, l'analisi stilistica si dimostra scarsamente efficace per la mancanza di uno studio tipologico approfondito.

Si provi a rileggere, ad esempio, la storia dell'architettura vista dal duca di Valmy, nel 1865 - pubblicata in *L'Artiste* con il titolo "Les types de la Renaissance" –, e si scoprirà che un certo spirito reazionario, riscontrabile all'epoca di Garnier, anima ancora a un secolo di distanza l'*Histoire de l'architecture classique*.

Dopo aver descritto l'estetica "effeminata" del regno di Luigi XV e il ritorno all'antico del regno successivo (la cronologia dei regni non viene mai rispettata nella storia degli stili!), il duca prosegue: "Purtroppo la Scuola francese si lasciò trascinare oltre la meta prefissa dall'avvento del repubblicanesimo, e gli architetti, chiamati come sempre a rispecchiare il carattere della loro epoca [sic], furono costretti a trarre i propri modelli dalle prime età della republica romana, così come gli uomini di Stato vi cercavano le loro ispirazioni politiche. Poiché questo stile repubblicano si impose durante gli ultimi anni del regno di Luigi XVI, oggi si tende a confonderlo con quello che si era formato all'avvento del suddetto principe, il che è fonte di equivoci incresciosi sotto ogni punto di vista. Lo stile repubblicano, infatti, si è discostato dall'eleganza e dal buon gusto"[20].

L'invettiva è diretta ai contemporanei di Ledoux, quei "piranesiani francesi"[21] che, come lui, hanno realizzato verso il 1780 i primi teatri *monumentali* dell'occidente moderno. Che cos'è, dunque, l'arte all'antica di tipo "repubblicano", e quale forma presenta sotto l'Ancien régime? Lasciando da parte il problema del rapporto scena/sala, punto cruciale della mutevole configurazione di quest'ultima, per *forma* si intende qui la relazione esistente tra la facciata principale del monumento e la sua sagoma. Donde il carattere indubbiamente parziale di queste righe, che vogliono essere un commento, più che una spiegazione, alle tavole di *tipi* disegnate per il presente articolo.

Tempio, circo, basilica: quale monumento storico?

Per trovare una vera riflessione sulla storia della fisionomia dei teatri conviene rivolgersi alle opere di autori più antichi. Tra di essi, negli anni a cavallo fra il XVIII e il XIX secolo, Quatremère de Quincy ci ha lasciato, alla voce "teatro" dell'*Encyclopédie méthodique*, una sorta di bilancio dell'argomento, esaminato anche nei suoi possibili sviluppi. Teorico di un neoclassicismo radicale, profondamente convinto delle illimitate facoltà imitative dello *Stile*[22] – alla pari del professore dell'Ecole Polytechnique Durand, la cui influenza è nota –, Quatremère non poteva certo lodare senza riserve l'architettura edificata durante la sua giovinezza, sotto i regni di Luigi XV e Luigi XVI. Dei due esempi francesi da lui brevemente analizzati, ovvero il Grand Théâtre di Bordeaux di Victor Louis (progetto del 1774, inaugurazione nel 1780) e l'Odéon di Peyre e De Wailly a Parigi (secondo progetto nel 1770, inaugurazione nel 1782), soltanto il primo è entrato a far parte dei *modelli* dell'Ottocento francese, mentre gli architetti tedeschi, polacchi, russi e anche alcuni italiani, per lo meno agli inizi del secolo, si ispirarono piuttosto al secondo...

Ora, non è a tale scopo che Quatremère li proponeva ad esempio: il teatro di Victor Louis è ammirato per la grandiosità della sua composizione decorativa, che servirà poi di modello a Garnier per l'interno dell'Opéra; e l'Odéon, per la sua impostazione risolutamente *urbana* che ordina lo spazio circostante in sequenze espressive, adeguate ai movimenti di afflusso e deflusso del pubblico[23]. Quanto alle forme della loro architettura, non sono fra quelle che Quatremère consiglia: sospettoso nei confronti di qualsiasi libertà immaginativa, risoluto nel negare il diritto all'*innovazione*, il dotto teorico non poteva ammettere architetture che interpretassero troppo liberamente gli insegnamenti dell'Antichità. Questo conservatorismo, che si contrappone all'espressività sintattica dei primi "neoclassici", si identifica con le premesse dello storicismo classico, nato in Germania intorno al 1820 e concretizzatosi in Francia sotto la Monarchia di luglio nello sviluppo dell'Ecole des Beaux Arts[24]. Dominata da una particolare visione della storia fondata sull'archeologia – come propugnava Winckelmann –, la creazione architettonica di questo periodo rinuncia al sistema di variazioni tematiche che aveva caratterizzato l'arte della fine dell'Ancien régime. Nell'architettura teatrale, i due esempi fatti sono degli archetipi di questo procedimento sospetto a Quatremère.

Ispirato ai monumenti eretti sul *foro* – ovviamente, un foro ideale –, il capolavoro di Victor Louis combina una sagoma basilicale (definita da una massa ad arcate sormontata da

enoir le Romain, veduta a volo
uccello del progetto per l'Opéra al
arrousel a Parigi, 1781
Bibliothèque Nationale, Parigi).

Lenoir le Romain, bird's-eye view of
the design for the Opéra au
Carrousel in Paris, 1781
(Bibliothèque Nationale, Paris).

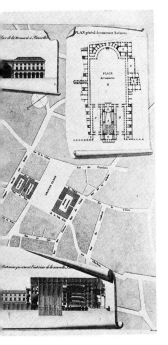

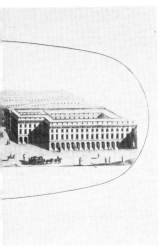

and, in the case of the theatre, his stylistic account shows itself to be of little value, in the absence of any thorough typological study.

If one re-reads, for example, the history of architecture as seen by the Duc de Valmy, in 1865 – published in *L'Artiste* under the title "Patterns of the Renaissance" – one realizes that a certain reactionary spirit, strong in the time of Garnier, still animates the *Histoire de l'architecture classique* a century later.

Alluding to the "effeminate" aesthetics of the reign of Louis XIV and the return to the antique of the following reign (the chronology of reigns is never respected in the history of styles!), the duke continues: "Unfortunately the French school was distracted from its goals by the advent of republicanism, and the architects, called on, as in all ages, to reflect the character of their time [sic] were obliged to go and look for their models in the early period of the Roman republic, just as statesmen were looking to it for political inspiration. Since this republican style has established itself during the last years of the reign of Louis XIV, one confuses it today with the style that had been formed on the succession of this prince, and this has led to unfortunate misunderstandings from every point of view. The republican style had, in fact, moved away from elegance and from good taste."[20] This invective was aimed at the contemporaries of Ledoux, those "French Piranesians"[21] who, like him, had produced the first *monumental* theatres of the modern western world around 1780. So what is this old-styled "republican" art, and what form did it take under the Ancien régime? Leaving aside the problem of the relationship between stage and auditorium the crucial point in the changing configuration of the latter, by *form* I mean here the relation between the principal facade of the building and its profile. That is to say the very partial aspect of those few lines, a commentary rather than an explanation, in the drawings of *types* produced for this article.

Temple, circus, basilica: which historic monument?

It is to the oldest authors that we must turn for a genuine reflection on the history of the physiognomy of the theatres. Among them, at the turn of the 18th century, Quatremère de Quincy has given us a sort of balance-sheet, prospective in nature, of the subject in his remarkable entry "theatre" in the *Encyclopédie méthodique*. This theoretician of a radical neoclassicism, imbued with all the unlimited imitative faculties of the *Style*,[22] could not, like the professor of the Ecole Polytechnique Durand, whose influence is known, praise

without reservation the architecture built, in his youth, under the reigns of Louis XV and Louis XVI. Of the two French examples that he succinctly analyses, the Grand Théâtre in Bordeaux by Victor Louis (design 1774, inauguration 1780) and Peyre and De Wailly's Odéon in Paris (2nd design, 1770, inauguration 1782), 19th-century France only retained the former among its *models*, whereas the Germans, Poles, Russians and some Italians, at the beginning of the century at least, were more interested in the latter...

Now Quatremère was not putting forward either of them with this view in mind: Victor Louis's theatre was praised for the quality of its grandiose decorative composition – the same one which would later inspire Garnier in his design of the *interior* of the Opéra; the Odéon for its urban candour which orders the surrounding space into expressive sequences, appropriated for the coming-and-going of the entrances and exits to the performance.[23] The forms of their architecture are not recommended by Quatremère. Ill at ease with all freedom of imagination and denying the right to *innovation*, the learned theoretician could not allow architects too much freedom in the interpretation of Mother Antiquity. This conservatism, opposed to the syntactic expressivity of the early "neoclassics" became identified with the premises of classical historicism, born in Germany around 1820, and put into concrete form in France under the July Monarchy with the development of the Ecole des Beaux Arts.[24] Engendered by a certain vision of History, based on archeology – as Winckelmann had urged –, the architectural creation of this era renounced the system of thematic variations that are characteristic of the art of the end of the Ancien régime. In the realm of the theatre, the two aforementioned examples are the archetypes of this original course, distrusted by Quatremère.

Inspired by the monuments built in the *forum* – an ideal forum! – the masterpiece of Victor Louis combines a basilical profile (defined by a mass of arcades crowned by a high roof in the shape of an upside-down keel) with a pronaos conceived as a fragment of portico, without a pediment. The latter, miniaturised, adorns the superstructure at right angles to the entrance to the auditorium. More rigorous and more severe in its architectural vocabulary, the Odéon (disfigured today) forcefully synthesizes the idea of the *theatre-temple*, architectural acme of the "Greek" taste that made its appearance in decorative arts around 1760. In both cases, the character of the architecture is based on a visual *metaphor*, like the countenance of a conventional mask, founded on a

un alto tetto a carena rovesciata) con un pronao concepito come un frammento di portico, senza frontone. Quest'ultimo, miniaturizzato, adorna invece la sovrastruttura al di sopra dell'ingresso della sala. Più rigoroso e severo nel suo vocabolario architettonico, l'Odéon (oggi mutilo) sintetizza potentemente l'idea del *teatro-tempio*, suprema espressione architettonica del gusto "alla greca" apparso nelle arti decorative verso il 1760. In entrambi i casi, il carattere dell'architettura si basa su una *metafora* visiva, quasi si trattasse della fisionomia di una maschera convenzionale, fondata su una simbologia esplicitamente dichiarata: al nuovo culto delle arti si addice un santuario riconoscibile. È con questo intento, come egli stesso precisa, che Charles De Wailly ha scelto l'ordine dorico per l'Odéon; all'interno, l'ordine-simbolo di Apollo, capo delle Muse, è completato da altri simboli, di facile lettura: statue delle Muse, Zodiaco dipinto sul soffitto, lampadario irradiante al centro della sala concepita come un tempio rotondo ecc. All'arte di Victor Louis, già eclettica nei principi come nel risultato, si contrappone la visione sintetica di Peyre e De Wailly, più vicina all'ideale espresso da Ledoux e Boullée. A partire da questa *immagine* forte, integrata all'urbanistica dallo sviluppo di un'architettura di edifici programmati, eretti su tracciati altrettanto leggibili quanto i simboli rappresentati all'interno, gli architetti francesi moduleranno il *carattere* della loro facciata, inserita essa stessa in una sagoma specifica, a seconda della *destinazione* dell'edificio. La comprensione di questa *fisionomia* si impone come una smentita alla conclusione semplicistica di Hautecoeur. Essa deve inoltre precedere qualsiasi tentativo di classificazione tipologica, in profondità – in base al rapporto pianta, sezione, alzato – che per evidenti ragioni di spazio tralascio di affrontare in questa sede.

La metafora sul *tempio*, leitmotiv dell'architettura classica a partire dal Rinascimento, ha potuto imporsi decisamente attraverso il teatro monumentale nel XVIII secolo, nella misura in cui gli architetti espressero una scelta prioritaria: esporre chiaramente la *dignità* di una funzione municipale consacrata allo spirito e al genio creatore[25], ciò che assolutamente non era, nel suo funzionamento, lo spettacolo di corte. Questa configurazione del *tempio della cultura* non si è imposta all'improvviso, come certe fatalità della vita urbana. Al contrario, essa è il risultato di scene deliberate nel repertorio dei *modelli* dell'architettura, ove si trovarono in concorrenza numerosi *tipi*, austeri, lussuosi o espressivi. Quattro di essi, in particolare, dominano la storia del teatro urbano a partire dal XVIII secolo, ovvero dopo l'abbandono della sistemazione

provvisoria nei "jeux de paume" (versione Ancien régime delle odierne operazioni di trasformazione): l'*hôtel particulier* o il palazzo, il tempio, il circo o l'anfiteatro, la basilica... Sono questi, ovviamente, i tipi che alimenteranno l'eclettismo – in senso lato – del XIX secolo almeno fino al 1914, e senza distorsioni di stile.

La *sala* di spettacolo, come viene inizialmente chiamata, è in origine un ambiente che occorre isolare. Il primo tipo, che a Parigi corrisponde al cosiddetto "Hôtel des Comédiens" della fine del Seicento, si è sviluppato naturalmente. Il celebre teatro di Soufflot a Lione (1753-56), coevo alle facciate delle Comédies di Metz e di Montpellier, si isola dietro l'Hôtel de Ville, come in un palazzo, adorno di un grande balcone e di motivi scolpiti che sottolineano le campate, ove le *aperture* assumono un ruolo predominante. È questo il tipo meno ricco sul piano simbolico, ma fu il primo a consacrare, per così dire, il "diritto di cittadinanza" dello spettacolo e, più in particolare, degli attori, ormai stabilitisi in una sede definitiva. Esso costituiva, inoltre, la soluzione più economica. Intorno al 1780, sono ancora numerosi i progetti e le realizzazioni che si accontentano di questa "nobile semplicità", come l'Opéra provvisoria edificata a Parigi nel 1781 da Lenoir le Romain. Nel 1913, la facciata del famoso Théâtre des Champs-Elysées appare come una clamorosa reviviscenza di un tema che non fu mai del tutto abbandonato nel XIX secolo e che sarà ripreso dopo il 1920, da più di un cinema art déco: è questo un argomento che merita di essere approfondito[26].

Il tipo *tempio* presenta variazioni molto più complesse, che vanno dall'edificio circolare al grande periptero quadrangolare. Il primo, divenuto in un progetto di Boullée una tholos simbolica di Venere e dell'Amore – il culto si allarga! – generalmente non è altro che la metà di un tempio, espressione plastica, all'esterno, della forma semicircolare della sala. Questo tipo si è illustrato soprattutto nei progetti, a partire dai primi disegni per la Comédie française (Odéon); nella realtà dello spazio costruito, gli si preferì invece il secondo tipo, più flessibile. Gli architetti non esitano a far "esplodere" il modello in funzione della leggibilità delle diverse parti dell'edificio (ingressi, sala, palcoscenico, annessi) idonee a identificarsi con il simbolo. Quest'ultimo si affida essenzialmente a tre elementi *mutuati* dall'archetipo antico: la sagoma compatta, isolata in una vasta piazza; il portico a colonne libere, allusione al periptero, ma limitato a una parte della facciata; infine il frontone triangolare, facoltativo nel XVIII secolo, dissociato dal portico e riportato sul muro di facciata

highly proclaimed symbolism: a recognizable sanctuary was only fitting for the new cult of the arts. It was with this intent, as himself made clear, that Charles De Wailly chose the Doric for the Odéon; the order cum symbol of Apollo, chief of the Muses, was then complemented inside by other symbols, of facile interpretation: statues of the Muses, a Zodiac painted on the ceiling, a radiant chandelier at the centre of the auditorium designed to resemble a regulation round temple, etc. The art of Victor Louis, as eclectic at the outset as in the outcome, was opposed by the synthetic vision of Peyre and De Wailly, close to the ideal expressed by Ledoux and Boullée. Starting out from this strong *image*, integrated with town planning by the use of architecture from a catalogue of building patterns, erected along lines just as legible as the figurative symbols of the interior, the French architects slightly varied the *character* of their facade, itself blended into a fixed silhouette, according to the *use* of the building. The comprehension of this *physiognomy* stands as a denial of Hautecoeur's simplistic conclusion. It should also take precedence over any attempt at typological classification, in the kind of depth – according to the relations between plan, section and elevation – that I do not envisage here: one article would not be sufficient!

The metaphor of the *temple*, the main leitmotiv classical architecture ever since the Renaissance, was able to assert itself strongly in the rendering of the monumental theatre, in the 18th century, to the extent to which architects plumped for one fundamental choice: to clearly display the *dignity* of a municipal function dedicated to the spirit and to the creative genius[25] – something that the court entertainment, in practice, was most definitely not. This configuration of the *temple of culture* was not imposed right from the start, like some inevitability of urban life! Rather it was the result of careful selection from among the repertory of *models* of architecture where several dignified, luxurious or expressive *types* were to be found in competition. Four principal types dominate the history of the urban theatre from the 18th century onwards, once its temporary location in the "jeux de paume" courts (a sort of ancien régime *loft*) had been abandoned: mansion or palace, temple, circus or amphitheatre, basilica... These are obviously the types which would foster the eclecticism – in the broad sense – of the 19th century, at least up until 1914, and all mixed styles.

The *salle de spectacle*, as it was formerly known, was originally a room that had to be set apart. The first type, which corresponds in Paris to what was called since the end of the 17th centuy the "Hôtel des Comédiens," had undergone a wholly natural development. Soufflot's famous theatre in Lyons (1753-56), contemporary with the facades of the Comédies in Metz and Montpellier, stands apart behind the town hall, as in a palace, embellished with a large balcony and sculpted motifs that emphasize the trusses where the role of the *bay* predominates. In symbolic terms, it is the least rich type, but it hallows, in a way, the "right of the city" to the spectacle and, more particularly, to the hence-forth "permanently fixed" actors. It was also the most economic solution. A number of projects and realisations, still around 1780, made do with this "noble simplicity" – as was the case with the temporary Opéra built in Paris in 1881 by Lenoir le Romain. In 1913, the facade of the famous Théâtre des Champs-Elysées seemed to be a striking resurrection of a theme that had never been entirely abandoned during the 19th century, and one which was picked up by more than one art déco cinema after 1920. Study of this subject remains to be done.[26]

The *temple* pattern saw variations on a much grander scale, ranging from the circular building to large quadrangular peripters. The former, which turned in one of Boullée's projects into that *tholos* symbolic of Venus and of Love – the cult grows bloated! – was most often no more than half a temple, a plastic echo, on the outside, of the semi-circular shape of the auditorium. This type is best illustrated in projects, from the first drawings for the Comédie française (Odéon) on; in the reality of buildings actually constructed, the second type was preferred, being easier to handle. Architects did not hesitate to make the model "stand out" through the legibility of the various parts (entrances, auditorium, stage, annexes) of the building, so as to identify it with the symbol. This was declared by imitation of three features of the ancient archetype: the silhouette, forming an isolated block standing in a large open space; the portico of free columns, an allusion to the peripter but limited to one section of the facade: the triangular pediment, optional in the 18th century, detached from the portico and shifted to the end wall of the stage in the 19th...

The most developed projects integrate the *temple* into a diversified structure, enlarged to the scale of the square and streets for whose points of view it provides a focus: arcaded passages, arches, colonnades on the ground floor or at the level of the buildings of the scheme, broadening of the theatre facade extending on each side of the auditorium, so that it encloses the entrances, foyers and annexes (academy,

della scena nell'Ottocento...

I progetti più sviluppati inseriscono il *tempio* in una struttura diversificata e allargata alle dimensioni della piazza e delle vie che se ne dipartono, di cui esso focalizza le visuali: porticati, arcate, colonnati al pianterreno o al primo piano degli edifici programmati, dilatazione della facciata del teatro che si allarga ai lati della sala, inglobando gli ingressi, i foyers e le sale annesse (accademia, caffè, sala da concerto). Dall'Odéon al Teatro Puškin di Leningrado (Rossi, 1828-32), passando per l'opera di Varsavia (Corazzi, 1825-33), il teatro di Nantes (Crucy, 1784-87), i progetti di Ledoux per Marsiglia (1784), di Charles De Wailly per l'Opéra di Parigi (1798), o quelli di Bélanger per il Théâtre de la Monnaie a Bruxelles (1804), tutti i più bei templi devono ormai sorgere su un'area monumentale, *foro, agorà* o piuttosto *recinto sacro*. La promenade del Palais Royal a Parigi, di Victor Louis, in cui si alternano portici e arcate, ne costituisce un esempio, così come il più tardo Théâtre Feydeau di Legrand e Molinos (1791)[27]; ma la più straordinaria testimonianza di piazza così teatralizzata, in funzione del simbolo *culturale* in conformità con il nuovo programma urbano, rimane il progetto "anfiteatrale" ideato nel 1793 da De Wailly per trasformare la piazza a emiciclo dell'Odéon in luogo di rappresentazione, di festa e di *pubblica istruzione* all'aria aperta. Un grande velario tricolore avrebbe protetto gli spettatori-cittadini dalle intemperie...

L'impulso dato dalla Francia raggiunge, con fortuna alterna, l'Italia (Napoli, facciata del teatro San Carlo, A. Niccolini, 1812; Parma, teatro di N. Bettoli, 1829) e anche l'Inghilterra (Covent Garden, Londra, Smirke, 1809)[28]. Ma è soprattutto la Germania, durante l'episodio napoleonico e nel periodo immediatamente successivo, a diffondere a sua volta nuovi modelli. Le filiazioni sono, in questo caso, particolarmente evidenti: il famoso soggiorno a Parigi di F. Gilly, durante il quale realizza vari disegni dell'Odéon e del Théâtre Feydeau, precede i nuovi progetti per il Nationaltheater di Berlino (1798), progetti rivoluzionari alla maniera di Ledoux e che eserciteranno un notevole influsso sui successori di Gilly in tale ambito: K. von Fischer, che auspicava che il suo teatro di Monaco fosse al contempo "un pulpito, una scuola e un tribunale" (Nationaltheater di Monaco, 1811-18), F. Weinbrenner, con l'Hoftheater di Karlsruhe (1806-9), e soprattutto Schinkel, con lo Schauspielhaus della Gendarmenmark di Berlino (1818-21), capolavoro di uno stile *revival greco* in gestazione.

L'itinerario franco-tedesco si conclude dunque, almeno nella sua prima fase, intorno al 1820, in attesa che G. Semper (interpellato per il Festspielhaus wagneriano di Monaco), autore dei due teatri successivi di Dresda[29], dia nuovo slancio a questi scambi di influssi sulla base di un altro tipo: quello della facciata da teatro romano, anfiteatro, colosseo o circo, suscettibile di variazioni altrettanto ricche quanto quelle offerte dal tipo precedente. È questo il *vero* modello consigliato da Quatremère, l'unico che fin dall'origine del *revival antico* fosse entrato in concorrenza con il carattere sacro della sala da spettacolo, senza tuttavia riuscire a imporsi credibilmente prima del XIX secolo. La tentazione del pastiche, forte in J.N.L. Durand, è ancora presente nel Grand Prix de Rome di Gilbert, del 1822[30], per poi attenuarsi fino a sparire completamente con le principali opere realizzate in Francia, in Italia o in Germania: dai teatri di Dresda, Vienna, Rennes, Palermo, fino al progetto dell'Orphéon di Davioud, e al suo celebre Trocadéro per l'esposizione universale del 1878. Supremo emblema, la collina-teatro, in cui il rapporto sito/architettura appare invertito rispetto allo schema greco-romano, aveva già ispirato Schinkel quarant'anni prima nel suo progetto di residenza principesca su una collina: il disegno longitudinale dell'immenso complesso, concepito come una nuova Acropoli, mostra a sinistra un grande tempio visto frontalmente, e a destra, di profilo, un anfiteatro preceduto da una torre[31].

La volontà di adattare rigorosamente la forma antica alla facciata di un teatro moderno può sembrare un'assurdità, tenuto conto degli annessi di quel luogo chiuso che era ormai divenuta la sala di spettacolo. Si trattava di un'illustrazione di primo grado, come sembra raccomandare lo storicismo? Personalmente, propendo per questa spiegazione, che indica nell'adozione delle arcate sovrapposte, su una facciata arcuata (o meglio, semicilindrica) da teatro antico, un procedimento visualmente funzionalista e narrativo, che si contrappone al gioco simbolico del classicismo. Il recupero del modello storico, accompagnato da un discorso che si vuole razionalista, si palesa qui con la stessa evidenza con cui a quell'epoca appare in altri ambiti. Se si considerano le variazioni, o le combinazioni di tipi – pronao + circo, oppure arco di trionfo + frontone + circo, ecc. – ci si rende conto che l'eclettismo è il risultato spontaneo di questa lotta fra simbolo e decoro. Con il prevalere di quest'ultimo, gli architetti si volgono verso un "linguaggio" sempre più esuberante per farsi capire meglio...

Quale contrasto fra l'arte dell'età dei "Lumi" e quella del "Secolo borghese"! È questo un argomento che attende ancora di essere approfondito e il cui studio ci condurrebbe all'ultimo tipo diffuso nell'architettura teatrale francese: quel-

cafés, concert hall). From the Odéon to the Pushkin Theatre in Leningrad (Rossi, 1828-32), by way of the Warsaw Opera-House (Codazzi, 1825-33), the theatre in Nantes (Crucy, 1784-87), Ledoux's projects for Marseilles (1784), Charles De Wailly's for the Paris Opéra (1798), or those of Bélanger for the Théâtre de la Monnaie in Brussels, the finest temples had henceforth to stand in a monumental space, *forum*, *agora* or rather *sacred enclosure*. The promenade of the Palais Royal in Paris, by Victor Louis, with its alternation of porticos and arcades, is an example of this, as some what later is Legrand and Molinos's Théâtre Feydeau (1791);[27] but the most striking example of a position theatricalized in this manner, in terms of the symbolism of *culture* accorded to the new urban scheme, is provided by the "amphitheatrical" project designed by De Wailly in 1793 to transform the hemicyclic space surrounding the Odéon into a place of representation, celebration and *public education* in the open air. A large tricolour awning would have protected onlooking citizens from bad weather.

The impetus provided by France had an influence, though to a varying degree, on Italy (Naples, facade of the San Carlo, A. Niccolini, 1812; Parma, theatre by N. Bettoli, 1829) and even England (Covent Garden in London, Smirke, 1809).[28] But it was above Germany that became, in its turn, the source of new models. The connections are better established here than elsewhere: F. Gilly's famous stay in Paris, in the course of which he made drawings of the Odéon and Théâtre Feydeau in particular, preceded the new designs for the Nationaltheater in Berlin (1798), revolutionary projects in the style of Ledoux that directly influenced the successors of Gilly in this field: K. von Fischer, who wanted his theatre in Munich to be at one and the same time "a pulpit, school and lawcourt" (Nationaltheater of Munich, 1811-18), F. Weinbrenner, with the Hoftheater in Karlsruhe (1806-9) and above all Schinkel in his Schauspielhaus in the Gendarmenmark of Berlin (1818-21), masterpiece of a *Greek revival* style in gestation.

Thus the Franco-German course is linked, at an early stage around 1820, until G. Semper (solicited for the Wagnerian Festspielhaus in Munich), architect of two successive theatres in Dresden,[29] revived the role of these cultural exchanges by starting out from another type: that of the facade of the Roman theatre, amphitheatre, coliseum or circus, whose variations were no less rich than that of the previous type. Here is the *real* model suggested by Quatremère, the only one which rivalled, since the start of the *antique revi-*

val, the sacred character of the playhouse, though without being able to assert itself with convinction until the 19th century. The temptation to pastiche, strong in J.N.L. Durand, is encountered again in Gilbert's Grand Prix of Rome, in 1822,[30] later to fade away entirely in the principal works realised in France, Italy or Germany – the theatres of Dresden, Vienna, Rennes, Palermo... up until Davioud's project for the Orphéon, and his famous Trocadero for the universal exhibition of 1878. A supreme emblem, the hill-theatre, of the rapport between site and architecture turned upside down with regard to the Graeco-Roman scheme, had already inspired Schinkel forty years earlier, in his project for a princely residence on a hill: the longitudinal plan of the immense complex, designed as a new Acropolis, shows a large temple on the left, in full-face, and on the right, in profile, a huge amphitheatre preceded by a campanile.[31]

The desire to rigorously adapt the antique form to the facade of the modern theatre presented almost insurmountable difficulties, considering the appendages to the closed space which the playhouse had become. Was it a matter of a primary illustration as historicism seemed to recommend? I lean towards that explanation that indicates in the adoption of orderly arcades superimposed on a curved (or rather, semicylindrical) facade of the antique theatre, a visually functionalist and narrative approach, in contrast to the symbolic play of classicism. In fact, the modern theatre with the *facade of an antique theatre* emphasized the presence of the semi-circular auditorium, to the detriment of the intimate relationship between auditorium and stage. The character of the building from this time on elucidated the *social function* of theatre (place of pubblic assembly) and not its *symbolic function* (place for the cult of the arts; pantheon devoted to celebration of the works of the nation's great playwrights or composers). The resurrection of the historic model, accompanied by an attempt at a rationalistic approach, is just as evident as in other fields during this era. If one looks at the variations, or combinations of patterns: pronaos + circus, or triumphal arch + pediment + circus, etc., one sees that eclecticism grew quite naturally out of the conflict between symbol and decorum! When the latter prevailed, architects turned to an increasingly exuberant "language" so as to be better understood...

What a lively contrast between the art of the age of "Enlightenment" and that of the "Bourgeois century"! Study, which is still to be undertaken, would lead to the last type to be taken into serious consideration in France: that of

lo della *basilica palladiana*. In esso, la sagoma-blocco, con copertura unica a pseudocarena rovesciata, privilegia la *loggia* sulla facciata, trasposizione dei due livelli di galleria, con o senza sequenza di serliane. L'ipertrofia degli elementi introduttivi (vestibolo, vano delle scale) e l'onnipresenza del foyer riservato al pubblico costituiscono i caratteri distintivi di questo tipo, i cui due esempi meno canonici (si tratta di eclettismo!) rispetto al modello sono, a oltre un secolo di distanza, il Grand Théâtre di Bordeaux e l'Opéra di Parigi. Sull'argomento, rinvio il lettore a un abbozzo di studio[32] in cui si tentava di analizzare questa particolare fisionomia dell'eclettismo borghese. Ma a quale livello di coscienza si situa l'iconologia di questa architettura?

Tale è il problema che pone, oggi, il progetto di un'Opéra *casa-popolare-moderna* da realizzarsi in piazza della Bastiglia. Negli ultimi cinquant'anni, il substrato del *modernismo* ha soffocato l'arte architettonica a vantaggio di ciò che in termini misurati si potrebbe definire un funzionalismo primario acciecato dall'economia delle forme/norme di costruzione. Quale fisionomia, dunque, per l'Opéra del 1989? Le case – ancora! – le Case della cultura dell'era Malraux hanno forse mostrato quel volto deciso, o maschera, deciso che caratterizzava i templi della cultura del passato? È un argomento che andrebbe discusso, e a mente calma, se così posso esprimermi (pericolo: Rivoluzione!).

Fortunatamente, rimane il procedimento *concettuale*, il cui primo esempio (peraltro mutilo all'interno per mancati finanziamenti nelle forniture di cemento[33]) è costituito da uno dei teatri dell'opera più lontani, quello di Jörn Utzon a Sydney (1957-73). Posato su un molo, da cui sembra in procinto di partire per un viaggio immaginario, l'edificio si staglia nel cielo con i suoi dieci gusci bianchi slanciati, simili alle vele di un vascello. L'*oggetto* architettonico non conosce limiti.

Da parte mia, vorrei, alla maniera di Claes Oldenburg, un teatro dell'opera a forma di fisarmonica gigante, con incrostazioni di specchietti e di finta madreperla; oppure, versione meno popolare ma più ossequiente alla storia repubblicana, un'Opéra-Bastiglia conforme alla sagoma della vecchia signora medioevale, conquistata sì, ma anche ingentilita da un rivestimento di ceramica bianca. La facciata-schermo, muro-video per esteriorizzare lo spettacolo... Alcuni giornalisti, trascrivendo la vox populi, hanno a suo tempo paragonato il Centre Georges Pompidou a una raffineria culturale. Sono convinto che una fisarmonica gigante o una Bastiglia stilizzata costituirebbero il *contenitore* più appropriato per l'opera dell'era nucleare.

the *Palladian basilica*. Here, the silhouette-block, with a single pseudo-reversed keel roof, favoured the *loggia* facing, transposition of the two levels of gallery, with or without a series of serlianas. The hypertrophy of introductory sections (vestibule, staircase) and the omnipresence of the public foyer consecrated this type, of which the two least canonical examples (we are dealing with eclecticism!), with respect to the model, are separated by over a century, the Grand Théâtre in Bordeaux and the Opéra in Paris. On this subject refer the reader to the draft of a study[32] that tries to throw light on this particular aspect of bourgeois eclecticism. But with what degree of awareness was the iconology of this architecture adopted?

That is the problem posed today by the project for the Opéra, *popular-modern-house* to be built on the site of the Bastille. For fifty years the iconological substrate of *modernism* has killed off architectural art to the benefit of a primary functionalism dazzled by the economy of forms/norms of construction – I weigh my words carefully. What physiognomy for the Opéra of 1989? Have the houses – always the houses! –, the *Maisons de la Culture* of the Malraux era presented the confident face or mask of former temples of culture? This ought to be discussed, cooly, if I dare say it (danger: Revolution!).

Happily there remains the *conceptual* approach of one of the most instant opera-houses, that of Joern Utzon in Sydney (1957-73) as an example (although mutilated on the inside by the lobbyists for concrete).[33] Set down on a pier, unfurled for an imaginary voyage, the building raises ten slender white cowls towards the clouds, like the sails of a ship. The architectural *object*, in itself, knows no limit.

I would like, in the manner of Claes Oldenburg, an opera-house in the shape of a gigantic accordion, decorated with spangles of glass and imitation mother-of-pearl; or again, less popular, but more respectful of republican history, an Opéra-Bastille consistent with the old mediaeval dame, conquered, but softened by a facing of white ceramic. The facade-screen, wall-video, to exteriorize the spectacle... A number of journalists, expressing the *vox populi*, have recently compared the Georges Pompidou Centre with a culture refinery. I am certain that a giant accordion or a stylized Bastille would be a fitting *container* for the opera of the nuclear age.

1 C.-N. Ledoux, *L'Architecture considérée sous le rapport de l'art, des moeurs et de la législation*, Parigi 1804, p. 230.

2 R. Wagner, Luigi II di Baviera, *Lettres 1864-1883*, a cura di B. Ollivier, Parigi 1960, pp. 256-261.

3 Cfr. n. speciale *Wagner*, a cura di Y. Caroutch, *Obliques*, Parigi 1979.

4 T. von Joest, "L'Orphéon et la place du Château-d'Eau" e "Le Palais du Trocadéro... L'Orphéon ressuscité", in catalogo della mostra *Gabriel Davioud*, Parigi 1981.

5 M. Mosser, D. Rabreau, "L'architecture des Lumières en France", in *Revue de l'art*, n. 58, 1981.

6 D. Rabreau, *Apollon dans la ville. Essai sur le théâtre et l'urbanisme au XVIIIᵉ siècle* (di prossima pubblicazione).

7 "La notte del 28 agosto [1869] qualcuno, offeso nel pudore, la imbrattò di inchiostro" ... "In alto loco fu dato l'ordine di rimuovere il suddetto oggetto e di fare eseguire un'altra Danza". Essa fu poi effettivamente realizzata da Gumery (museo di Angers), ma la guerra del 1870 immortalò la Danza di Carpeaux... (cfr. il catalogo della mostra *Sur les traces de J.B. Carpeaux*, Grand Palais, Parigi 1975).

8 Il celebre architetto dell'Opera di Dresda, autore di un grande progetto per il teatro delle Feste di Monaco.

9 R. Wagner, Luigi II di Baviera, op. cit., p. 273.

10 J.M. Pérouse de Montclos, *L'architecture à la française*, Parigi 1982.

11 C. Daly, *Revue Générale d'Architecture*, 1861, p. 79.

12 Voltaire, *Connaissance des beautés et des défauts de la poésie et de l'éloquence dans la langue française* (citato da G. Snyders, "Une révolution dans le goût musical au XVIIIᵉ siècle", in *Annales E.S.C.*, n. 1, 1963).

13 D. Diderot, *Deuxième entretien sur le fils naturel*, t. VII, pp. 121-122 (ibid., p. 24).

14 D'Alembert, *De la liberté de la musique* (ibid., p. 42).

15 Lettera del presidente François Mitterrand al ministro della Cultura Jack Lang (dossier *Mission Opéra Bastille*), Parigi 27 luglio 1982.

16 M. Mosser, D. Rabreau, "Nature et architecture parlante. Soufflot, De Wailly et Ledoux touchés par les Lumières", atti del convegno *Soufflot et l'architecture des Lumières*, in *Cahiers de la recherche architecturale*, n. speciale, Parigi 1980.

17 Una recente compilazione di P. Pougnaud, *Théâtres. 4 siècles d'architecture et d'histoire*, Parigi 1980, non colma questa lacuna.

18 H. Leclerc, *Les origines de l'architecture théâtrale moderne*, Parigi 1946.

19 L. Hautecoeur, *Histoire de l'architecture classique en France*, t. IV, Parigi 1952, pp. 419 e 435.

20 *L'Artiste*, t. II, 15 luglio 1865, p. 27.

21 *Piranèse et les Français 1740-1790*, catalogo della mostra, Roma-Digione-Parigi, Roma 1976.

22 *Encyclopédie méthodique, Architecture*, t. III, Parigi 1825, pp. 470-481.

23 M. Steinhauser, D. Rabreau, "Le théâtre de l'Odéon...", in *Revue de l'art*, n. 19, 1973, e *Charles De Wailly...*, catalogo della mostra della C.N.M.H.S., Parigi-Leningrado-Mosca 1979.

24 R. Middleton, D. Watkin, *Architettura moderna*, Milano 1977.

25 Cfr. D. Rabreau, *Apollon dans la ville*, op. cit.

26 Per un primo approccio, cfr. F. Lacloche, *Architecture et cinéma*, Parigi 1981.

27 D. Rabreau, "Le Théâtre Feydeau et la rue des Colonnes...", atti del *100e Congrès National des Sociétés Savantes*, Parigi 1975.

28 Sui rapporti franco-britannici, cfr. V. Glasstone, "L'influence de Victor Louis en Angleterre", atti del convegno *Victor Louis et le théâtre*, Parigi 1982.

29 M. Fröhlich, *Gottfried Semper*, Basilea-Stoccarda 1974.

30 J.N.L. Durand, *Précis des leçons ... données à l'Ecole Polytechnique*, t. II, Parigi 1809, p. 63 e L. Hautecoeur, op. cit., t. VI (1955), fig. 109, p. 83.

31 Catalogo della mostra *Karl Friedrich Schinkel* (Eine Ausstellung aus der Deutschen Demokratischen Republik-DDR), Berlino 1982.

32 D. Rabreau, "Ce cher Dix-neuvième siècle. Palladio et l'éclectisme parisien", in *Monuments Historiques* (2ª ed.), n. 2, 1975 e "Le Grand Théâtre de Victor Louis: des vérités, des impressions", atti del convegno *Victor Louis*, op. cit.

33 F. Loyer, "L'Opéra du siècle", in *L'Oeil*, n. 195-196, marzo-aprile 1971.

1 C.N. Ledoux, *L'Architecture considérée sous le rapport de l'art, des moeurs et de la législation*, Paris 1804, p. 230.

2 R. Wagner, Ludwig II of Bavaria, *Lettres 1864-1883*, introduction and selection by B. Ollivier, Paris 1960, pp. 256-261.

3 Cfr. special issue *Wagner*, ed. by Y. Caroutch, *Obliques*, Paris 1979.

4 T. von Joest, "L'Orphéon et la place du Château-d'Eau" and "Le Palais du Trocadéro... L'Orphéon ressuscité," in catalogue of the exhibition *Gabriel Davioud*, Paris 1981.

5 M. Mosser, D. Rabreau, "L'architecture des Lumières en France," in *Revue de l'art*, no. 58, 1981.

6 D. Rabreau, *Apollon dans la ville. Essai sur le théâtre et l'urbanisme au XVIIIᵉ siècle* (in the course of publication).

7 "On the night of the 28th August [1869] outraged modesty bespattered in with ink" ... "Order was given from high places to remove this object and to have another Dance executed." This was done by Gumery (Musée d'Angers), but the war of 1870 immortalised Carpeaux's Dance... (cf. catalogue of the exhibition *Sur le trace de J.B. Carpeaux*, Grand Palais, Paris 1975).

8 The famous architect of the Dresden Opera-house, responsible for a major project for the Festival Theatre in Munich.

9 R. Wagner, Ludwig II of Bavaria, op. cit., p. 273.

10 J.M. Pérouse de Montclos, *L'architecture à la française*, Paris 1982.

11 C. Daly, *Revue Générale d'Architecture*, 1861, p. 79.

12 Voltaire, *Connaissance des beautés et des défauts de la poésie et de l'éloquence dans la langue française* (quoted by G. Snyders, "Une révolution dans le goût musical au XVIIIᵉ siècle," in *Annales E.S.C.*, no. 1, 1963).

13 D. Diderot, *Deuxième entretien sur le fils naturel*, vol. VII, pp. 121-122 (ibid, p. 24).

14 D'Alembert, *De la liberté de la musique* (ibid, p. 42).

15 Letter from president François Mitterand to Jack Lang, minister of Culture (dossier *Mission Opéra Bastille*), Paris July 27, 1982.

16 M. Mosser, D. Rabreau, "Nature et architecture parlante. Soufflot, De Wailly et Ledoux touchés par les Lumières," proceedings of the conference *Soufflot et l'architecture des Lumières*, in *Cahiers de la recherche architecturale*, special issue, Paris 1980.

17 A recent compilation of P. Pougnaud, *Théâtres. 4 siècles d'architecture et d'histoire*, Paris 1980, cannot claim to fill this gap.

18 H. Leclerc, *Les origines de l'architecture théâtrale moderne*, Paris 1946.

19 L. Hautecoeur, *Histoire de l'architecture classique en France*, vol. IV Paris 1952, pp. 419 and 435.

20 *L'Artiste*, vol. II, July 15, 1865, p. 27.

21 *Piranèse et les Français 1740-1790*, catalogue of the exhibition, Rome-Dijon-Paris, Rome 1976.

22 *Encyclopédie méthodique, Architecture*, vol. III, Paris 1825, pp. 470-481.

23 M. Steinhauser, D. Rabreau, "Le théâtre de l'Odéon...," in *Revue de l'art*, no. 19, 1973, and *Charles De Wailly...*, catalogue of the C.N.M.H.S. exhibition, Paris-Leningrad-Moscow 1979.

24 R. Middleton, D. Watkin, *Neoclassical and 19th Century Architecture*, New York 1977.

25 Cfr. D. Rabreau, *Apollon dans la ville*, op. cit.

26 For a basic approach, cf. F. Lacloche, *Architecture et cinéma*, Paris 1981.

27 D. Rabreau, "Le Théâtre Feydeau et la rue des Colonnes...," proceedings of the *100e Congrès National des Sociétés Savantes*, Paris 1975.

28 On Franco-British relations, cf. V. Glastone, "L'influence de Victor Louis en Angleterre," proceedings of the conference *Victor Louis et le théâtre*, Paris 1982.

29 M. Fröhlich, *Gottfried Semper*, Basle-Stuttgart 1974.

30 J.N.L. Durand, *Précis des leçons ... données à l'Ecole Polytechnique*, vol. II, Paris 1809, p. 63 and L. Hautecoeur, op. cit., vol. VI (1955), fig. 109, p. 83.

31 Catalogue of the exhibition *Karl Friedrich Schinkel* (Eine Ausstellung aus der Deutschen Demokratischen Republik – DDR), Berlin 1982.

32 D. Rabreau, "Ce cher Dix-neuvième siècle. Palladio et l'éclectisme parisien," in *Monuments Historiques* (2nd ed.), no. 2, 1975 and "Le Grand Théâtre de Victor Louis: des vérités, des impressions," proceedings of the conference *Victor Louis*, op. cit.

33 F. Loyer, "L'Opéra du siècle," in *L'Oeil*, n. 195-196, March-April 1971.

Photos by Wilhelm Schürmann

La nuova sala civica di Unna

Progetto di Andreas Brandt, Yadegar Asisi, Rudolph Böttcher

The new civic hall in Unna

Project by Andreas Brandt, Yadegar Asisi, Rudolph Böttcher

Hartmut Frank

"sulle macerie
regna un vivo traffico
una diva si dondola
un occhio chiuso, un
pensiero insopportabile segue all'altro"
(Vlado Kristl, 1981)

Una volta trovata finalmente Unna, al limite settentrionale della Ruhr, inizia la ricerca della nuova "Stadthalle", il nuovo "centro culturale e sociale" di questa città circondariale salita al rango di centro di sviluppo di secondo grado. Nel centro storico non la si troverà. Qui alcuni grandi magazzini, edifici amministrativi, chiese e pochi antichi palazzi borghesi costituiscono la vera e propria Unna. La nuova sala civica sorge – nel caso si insista nel volervi arrivare a piedi – a una mezz'ora di strada, in un nuovo quartiere situato a nord della città. Si deve attraversare la solita circonvallazione di tipo autostradale, che circonda la città vecchia, e la ferrovia, prima di intraprendere la ricerca del "Centro scolastico Unna Nord", nascosto fra case unifamiliari e blocchi di case popolari. Qui, però, essa non può passare inosservata, essendo l'unico ostacolo alla vista in mezzo a questa distesa di costruzioni anni sessanta.

Circondato da quattro grandi scuole, secondo lo spirito di quegli anni informi, e da una doppia palestra solo funzionale, un edificio a righe trasversali ci provoca con la sua monumentalità, inusuale ai giorni nostri. Esso è il primo edificio costruito in questa zona dopo decenni; una casa che si differenzia dalle altre nel suo essere modellata anche esternamente. Muri, finestre, montanti si ordinano in facciate, formano simmetrie, si compongono in precisi corpi architettonici. L'impressione monumentale nasce dal fatto che la creazione, l'intenzione plasmante dell'architetto non si nasconde dietro presunte costrizioni tecnico-funzionali o dovute al materiale da costruzione. Rudolph Böttcher e Andreas Brandt lavorano con i materiali più semplici. Essi non creano un sistema di costruzione a cui sottomettersi, ma piuttosto una specie di ordine classico da applicare. Un prototipo di quest'"ordine", un modello della facciata in scala 1:1 si trova ancora oggi davanti all'edificio: un frammento del frammento. Lo si dovrebbe lasciare come monumento ironico allo spirito del tempo. Esso mostra come vanno sviluppati struttura muraria, pilastri, aperture e travi: muro in mattoni di cemento, pilastri prefabbricati di cemento a vista, con una specie di capitello, travi di cemento a vista e basamenti prefabbricati anch'essi. La struttura muraria è articolata per mezzo sia del mutamento di colore dei mattoni in cemento, con l'alternanza di due strati grigi e uno bianco e viceversa, sia di una fuga che sale al di sopra del pilastro, interrompendo e articolando la sequenza muraria. Il pilastro è dipinto di rosso/marrone.

Questo ordine permette aperture di diversa grandezza, nastri di finestre e persino finestre angolari. Esso si dimostra sufficientemente variabile per il programma spaziale relativamente esteso di una sala civica.

Un secondo strumento identificabile atto all'ordinamento generale di questa costruzione è l'articolazione delle masse architettoniche in un semplice impianto tripartito, accentuato per mezzo di sei torri quadrate con scale.

Verso sud, la zona d'ingresso principale con le aule per lavori di gruppo della scuola superiore statale, al centro il piano terreno, dalle varie possibilità di utilizzazione, e sopra di esso, come nucleo della casa civica, la sala polifunzionale per spettacoli teatrali, balli, concerti, congressi, ecc.; verso nord, i locali per un ristorante e per l'amministrazione. Le tre parti dell'edificio sono separate dai vani delle scale, illuminate aggiuntivamente da una luce obliqua proveniente dall'alto. Le coperture delle ali laterali,

"on the ruins
fast traffic reigns
a goddess balances
one eye closed, an
unbearable thought follows the others"
(Vlado Kristl, 1981)

Once Unna has at last been found, at the northern edge of the Ruhr, the search begins for the new "Stadthalle", the new "cultural and social centre" of this provincial town which has climbed to the rank of a second-rate development centre. It is not to be found in the historic centre. Here a few department stores, administrative buildings, churches and the odd bourgeois mansion make up Unna proper. The new civic hall stands – if you should insist on getting there on foot – half-an-hour away, in a new district situated to the north of the town. One must cross the usual motor-way-style ring road that surrounds the old city and the railway before starting one's search for the "North Unna Educational Centre", hidden among single-family houses and blocks of low-income housing. Here, however, it cannot pass unnoticed, being the only stumbling-block for the eye in the midst of this expanse of sixties' constructions.

Surrounded by four large schools, according to the spirit of those shapeless years, and a solely functional duplex gymnasium, a building with transverse stripes goads us with its monumentality, unusual in our days. It is the first building to have been built in this zone for decades; a building that stands out from the others by having been given an external shape as well. Walls, windows, uprights are ordered into facades, setting up symmetries, creating precise masses of architecture. The monumental impression derives from the fact that the architect's creation, his intention to give the work form, is not hidden behind presumed technical and functional constraints or those due to the construction material. Rudolph Böttcher and Andreas Brandt work with the simplest of materials. They do not set up a construction system to which all must be subjugated, but rather a kind of classical order to be applied. A prototype of this "order," a model of the facade on a 1:1 scale, can still be found today in front of the building: a fragment of the fragment. It should be left there as an ironic monument to the spirit of the times. It shows how the structure of the building, pillars, apertures, beams have been developed: walls built out of concrete blocks, prefabricated pillars of unplastered concrete, with a sort of capital, concrete beams and prefabricated bases as well. The structure of the building is subdivided both by the change in colour of the cement blocks, with the alternation of two grey courses and one white or vice-versa, and by an extension that rises above the pillar, interrupting and articulating the sequence of masonry. The pillar is painted in brown/red.

This arrangement permits apertures of varying size, strip windows and even corner windows. It shows to be sufficiently variable for the relatively extensive spatial plan of a civic hall.

A second recognizable device aimed at the general organization of this construction is the division of architectural masses into a simple tripartite system, emphasized by means of six square towers with staircases.

To the south, the main entrance area with rooms for group work by the state high school, in the centre the ground floor, with various possibilities of utilization, and above it, as a nucleus of the civic building, the multifunctional hall for theatrical performances, dances, concerts, meetings, etc.; to the north, the premises of a restaurant and the administration. The three parts of the building are separated by insertion of the staircases, with additional illumination by slanting light from above. The flatter roofs of the side wings will later be used as open-air foyers or terrace bars.

più piatte, verranno in seguito sfruttate come foyers a cielo aperto o ter-
razze-bar.

Quattro delle torri con scale, aventi un aspetto un po' troppo militare-
sco – le loro terminazioni superiori ricordano fatalmente le torri di guar-
dia delle moderne postazioni di confine – accentuano gli angoli dell'edificio, e le altre due fiancheggiano sul fronte principale le ali laterali. La casa
civica non sorge isolata sull'area. Verso est e ovest si affianca fino a pochi
metri alle attigue scuole e palestre, che potranno anch'esse utilizzare in
occasione di grandi manifestazioni. I percorsi interni del piano terreno sono organizzati con funzionalità variabile in relazione agli edifici attigui.
Ancor più chiaramente che non nella decisione di costruire una casa civica in un centro scolastico periferico così fuori mano, in queste connessio-
ni si manifesta l'originaria intenzione di progettare soltanto un'area comune alle diverse scuole qui raggruppate, non certo un "centro socio-cul-
turale" della circoscrizione di Unna.

Soltanto grazie al prolungato periodo di progettazione e di costruzione, dal 1968 al 1983, la casa civica ha potuto assumere il ruolo di contrap-
punto alle circostanti scuole e case di edilizia sociale, e parimenti di manifesto della svolta che si è verificata nel pensiero di una generazione di architetti nel corso degli anni settanta. Böttcher e Brandt non vennero incaricati di elaborare un contro–progetto, ma dovettero progressivamente li-
berare il loro progetto per la sala civica da un contesto che essi all'inizio
avevano attivamente sostenuto. Essi appartenevano al gruppo di progettazione SAL Berlino/Münster, che aveva vinto, nel 1969, il concorso per
il centro scolastico Unna Nord, e che aveva in seguito progettato la mag-
gior parte di questo campus inteso come "fabbrica di cultura". Dei membri del SAL, Schulten e Esser costruirono due delle quattro scuole e la palestra doppia, mentre Brandt, Tiepelmann, Bloem e Steigelmann nel
1973 elaborarono, ancora completamente nello spirito del concorso, una
proposta per un'aula del centro scolastico Unna nord. Da questo primo
progetto per aula nacque poi, a metà degli anni settanta, su responsabilità
di Böttcher e Brandt usciti dal gruppo SAL, il progetto della sala civica.

Un confronto del progetto per aula del 1973 con quello del 1978 poi
realizzato per la casa civica dimostra la radicalità del mutamento nelle
concezioni di base dei due architetti in questi cinque anni. Il programma
spaziale della sala civica, la posizione e persino i nessi funzionali sono già
stati definiti nel 1973. Ciò che cambia è l'architettura. Nella relazione del
1973 viene continuamente posta in rilievo la volontà di costruire "un edificio semplice e non pretenzioso". "Soltanto lo stretto ordinamento funzionale... e la forma costruttiva unitaria degli impianti sportivi e della sala
polifunzionale conferiscono al centro scolastico Unna nord la sua signifi-
cazione spaziale e architettonica di baricentro culturale della città di Unna". Per il progetto esecutivo, Böttcher e Brandt scelgono proprio la rottura con gli edifici attigui, per dare così alla loro sala civica un minimo di significato nella triste periferia di Unna. Nel 1983 Brandt scrive retrospetti-
vamente di aver perseguito lo scopo di "inserire in questo agglomerato
edilizio segnato dalla casualità un edificio monumentale ma dall'impron-
ta più semplice possibile. Dato il limitato volume della casa civica rispetto
ai volumi delle scuole, che si sviluppavano con relativa libertà, spesso de-
bordando, l'unica risposta architettonica possibile ci sembrò racchiusa in
un'adeguata monumentalità, per mezzo della quale la sala per le feste
avrebbe manifestato la propria condizione speciale di casa per tutta la città".

Il risultato di questa impegnativa impresa si presenta ora ai nostri oc-
chi. La casa civica è effettivamente un edificio di "adeguata monumentalità", che si erge orgoglioso ed estraneo fra edifici volutamente informi. È il
monumento di una nuova dottrina della Gestaltung e tuttavia resta un

Four of the staircase towers, with a somewhat too military appearance
their upper sections unfortunately call to mind the guard towers o
modern border posts –, accentuate the corners of the building, with th
other two bordering the side wings on the main front. The civic buildin
does not stand free in space. To the west and east it extends to within a fe
metres of the adjacent schools and gymnasiums, which will also be use
for major events. The internal layout of the ground floor with its variabl
functional capacity is designed in relation to adjacent buildings. Eve
more clearly than the decision to build a civic hall in such an out-of-th
way school complex, this co-ordination betrays the original intention o
designing a common area for the various schools on the site, rather than
"socio-cultural centre" for the district of Unna.

It is only thanks to the prolonged period of construction, from 1968 t
1983, that the civic hall has been able to assume the role of counterpoir
to the surrounding schools and housing estates, and of a demonstration c
the change in thinking undergone by a whole generation of architect
over the course of the seventies. Böttcher and Brandt were not commis
sioned to draw up a contrasting project, but had to gradually free thei
plans for the civic hall from a context to which they had initially give
active support. They belonged to the SAL Berlin-Münster plannin
group, which had won the competition for the North Unna educationa
centre in 1969 and later designed the greater part of this campus as a kin
of "factory of learning." Of the members of the SAL, Schulten and Esse
built two of the four schools and the twin gymnasium, while Brandt, Tie
pelmann, Bloem and Steigelmann drew up in 1973, still completel
within the scope of the competition, a proposal for a hall for the Nort
Unna educational centre. Out of these plans for a hall, Böttcher an
Brandt, who had left the SAL group, developed the project for the civi
building.

A comparison of the 1973 project for a hall with that of 1978 for th
civic building which was later carried out demonstrates the radical chang
in the basic ideas of its architects in these five years. The spatial plan of th
civic hall, its position and even its functional links were all fixed in 1973
What has changed is the architecture. In the explanatory report of 197
continual emphasis was placed on the intention to build "a simple an
unpretentious house." "Only the close functional co-ordination... an
the unitary realization of the sports facilities and multi-functional hal
confer on the North Unna educational centre its spatial and architectura
significance as the cultural centre of the town of Unna." For the final pro
ject, Böttcher and Brandt sought to break away from the adjacent build
ings in order to give the civic hall a minimum of significance in the mids
of the dreary periphery of Unna. Looking back in 1983, Brandt wrote tha
he had pursued the aim of "inserting into this haphazard agglomeratior
of buildings a monumental building with the simplest possible style
Given the limited volume of the hall for festivities as compared to th
architectural blocks of the schools, which have spread out with relative
freedom, often overstepping the limits, the only possible architectura
response seemed to us to be contained in a suitable monumentality, by
which means the hall for festivities would be able to convey its own spe
cial nature as a house for the whole city."

The outcome of this weighty undertaking is now open to our inspec
tion. The civic hall has actually become a building of "suitable monumen
tality". It stands proud and alien amidst deliberately formless buildings. It
is the monument to a new doctrine of *Gestaltung* and yet it remains a frag
ment. It does not bestow a new character on the dreary suburb; it cannot
correct the impression of haphazardness typical of all buildings in such
situations. As an isolated building, even the monumentally sturdy civic

frammento. La casa civica non conferisce alla periferia un carattere diverso, non può correggere l'impressione di casualità che è propria di tutti gli edifici in simili contesti. Anche se monumentalmente risolta, la casa civica non può sfuggire a un contesto spaziale basato sull'individualità dei corpi architettonici, sulla separazione delle funzioni nello spazio e sull'abolizione di tutti gli elementi strutturali di collegamento fra i vari edifici di un "paesaggio urbano". Questo concetto dello spazio è autonomo rispetto all'architettura. Esso tollera sia l'architettura che la non-architettura, e resta indifferente alle mutevoli dottrine sulla realizzazione di singoli edifici.

Brandt vede il problema. Proprio durante la progettazione di Unna egli sperimentava modelli urbani multifunzionali – "bandes d'utilisation" – ed elaborava le sue proposte, più volte esposte, per il recupero delle piazze di Berlino. Le piazze, e non gli edifici, sono per lui i luoghi che danno un volto alla città. "Ce sont des points extrêmement sensibles sur lesquels repose – d'une certaine manière – toute la structure spatio-functionelle de la ville", egli scrive nel 1980. La sua casa civica non sorge, è vero, liberamente nel paesaggio, ma si erge, sola, in una zona che non può comporsi in una piazza, in quanto non vuole essere città. È troppo piccola per influire sul luogo, ma al contempo incita, con la sua esigenza di una forma, affinché la periferia sia recuperata, ristrutturata e inserita in uno spazio urbano umano. La casa civica non è in grado di risolvere in sé questa esigenza.

Andreas Brandt cerca consolazione con una planimetria generale utopica, che nel 1983 allega a una pubblicazione sulla casa civica. Riempie con edifici i morti spazi vuoti del centro scolastico, dispone una rete viaria differenziata, crea passaggi, relazioni visive, piazze, viali, ordina i frammenti della "fabbrica di cultura" in un quartiere, alla Camillo Sitte. La sua sala civica diviene il nucleo di questa struttura spaziale. Non è più un frammento in un qualsiasi luogo periferico di una piccola città già da tempo dissolta nella propria regione, bensì un elemento di uno spazio urbano differenziato. Ma quest'isola cittadina è ora frammento all'interno di un agglomerato amorfo. Di più, anche quest'utopia non può dare: la città atomizzata, dispersa, la periferia generalizzata sono più forti di lei. La "Stadthalle" di Unna è perciò destinata a rimanere monumento.

hall cannot escape from a spatial setting that is based on the individuality of blocks of architecture, on the separation of functions in space and on the abolition of all the structural elements of connection between the different buildings of an urban landscape. This conception of space is independent of architecture. It tolerates non-architecture as well as architecture and remains untouched by changes in doctrine about the way individual buildings should be constructed.

Brandt also saw this problem. During the planning of Unna he was experimenting with multi-functional urban models – bandes d'utilisation – and drawing up his own projects, exhibited on several occasions, for the redintegration of city squares in Berlin. For him it is the squares, and not the buildings, that give a face to the city. "Ce sont des points extrêmement sensibles sur lesquels repose – d'une certaine manière – toute la structure spatio-functionelle de la ville," he wrote in 1980. His civic hall, it is true, does not stand freely in the landscape, but rises by itself in a zone that cannot take shape around a square, in that it does not wish to be a city. It is too small to create a space all by itself, but it does call, with its demand for Gestaltung, for a restoration of the periphery, for its reconquest and insertion into a human urban space. The civic hall cannot measure up alone to its own requirements.

Andreas Brandt consoled himself with a site plan of an utopian kind, which he included in a publication on the civic hall in 1983. In this he fills the dead and empty spaces of the educational centre with buildings, lays out a differentiated network of roads, creates passages, visual connections, squares and avenues, arranging the fragments of the "factory of learning" into a quarter in the sense meant by Camillo Sitte. His civic hall becomes the nucleus of this spatial structure. Now it is no longer a fragment in a nondescript suburb of a small town that has dissolved into its own region some time ago, but an element of a differentiated urban space. Now this city block is a fragment set in an amorphous agglomerate. More than that, even this utopia cannot provide: the atomized, dispersed city, the ubiquitous suburb is too strong. Thus the civic hall of Unna is fated to remain a monument.

Fonti bibliografiche
SAL-Planungsgruppe Münster/Berlin, *Aula im Schulzentrum Unna-Nord*, 2ª ed. 18/5/1973.
A. Brandt, "Architecture de l'éspace urbain. Esquisses de définition et de modèle conceptuel", in *L'architecture d'aujourd'hui*, n. 207, febbraio 1980, pp. 8-12.
A. Brandt, "Zur Veränderung der Stadt, Ideen, Kritiken, Projekte", Berlino-Düsseldorf 1980, pieghevole per la mostra "Deutscher Werkbund e. V.", Hochschule der Künste, Berlino.

"Stadthalle Unna", in *Bauwelt*, n. 5, 1983, pp. 148-153.
Inserto dello *Hellweger Anzeiger*, n. 87, 15/4/1983: "Die Unnaer Stadthalle".
A. Brandt, "Die Festhalle in Unna", in *Jahrbuch für Architektur 1983*, (a cura di H. Klotz), Braunschweig-Wiesbaden 1983, pp. 60-63.
Stadträume, Werkbericht 1982/83: Andreas Brandt, Yadega Asisi, Rudolph Boettcher, catalogo (a cura della Galerie Aedes).

Bibliographic sources
SAL-Planungsgruppe Münster-Berlin, *Aula im Schulzentrum Unna-Nord*, 2nd ed., 18/5/1973.
A. Brandt, "Architecture de l'éspace urbain. Esquisses de définition et de modèle conceptuel," in *L'architecture d'aujourd'hui*, no. 207, February 1980, pp. 8-12.
A. Brandt, *Zur Veränderung der Stadt, Ideen, Kritiken, Projekte*, Berlin-Düsseldorf 1980, catalogue of the exhibition "Deutscher Werkbund e. V.," Hochschule der Künste, Berlin.

"Stadthalle Unna," in *Bauwelt*, no. 5, 1983, pp. 148-153.
Special section of the *Hellweger Anzeiger*, no. 87, 15/4/1983: "Die Unnaer Stadthalle."
A. Brandt, "Die Festhalle in Unna," in *Jahrbuch für Architektur 1983*, Braunschweig-Wiesbaden 1983, (ed. by H. Klotz), pp. 60-63.
Stadträume, Werkbericht 1982/83: Andreas Brandt, Yadega Asisi, Rudolph Boettcher, catalogue (ed. by Galerie Aedes).

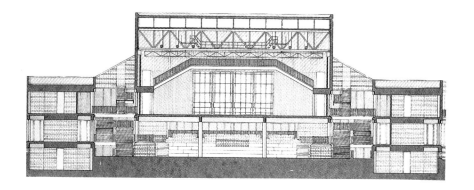

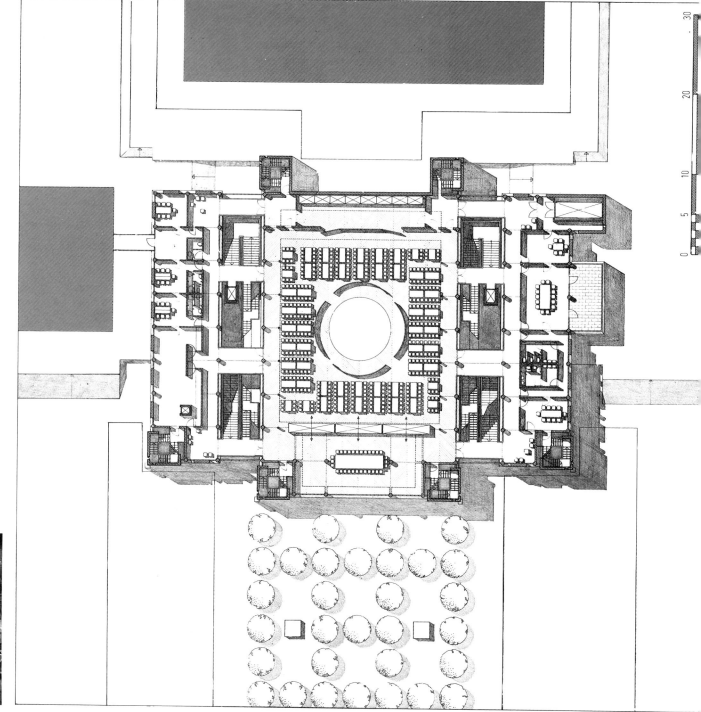

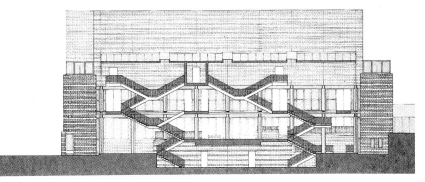

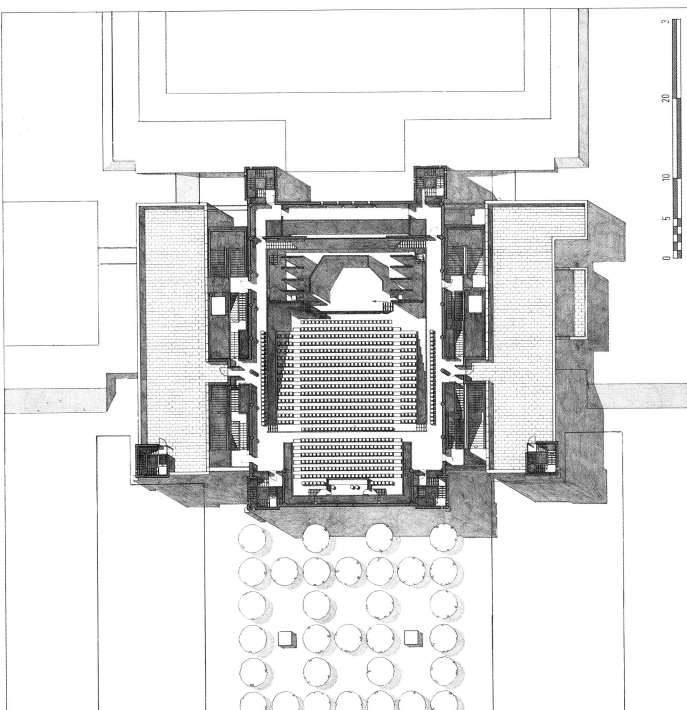

Vedute interne del corpo delle scale laterali, della sala e dell'ingresso.

Internal views of side stairwell, exhibition room and entrance.

La casa della cultura di Chambéry
Un esempio di decentramento

The house of culture of Chambéry
An example of decentralization

Marc Bédarida

Pochi al potere possono gloriarsi di avere edificato, in un tempo così limitato, una così vasta quantità di "templi" o "case della cultura" il cui carattere principale sia stato quello della presenza di una o due sale da spettacolo. Avviato dall'alto, questo movimento di decentramento è paragonabile a quel dispiegarsi di costruzioni istituzionali come prefetture, caserme, teatri, messo in atto da Napoleone I. Ma bisogna dire che se pure gli edifici esistevano, la vita teatrale di provincia era dominata, fino al recente passato, da un torpore profondo. Tuttavia, ormai stanchi dei luoghi comuni e della futilità parigina, alcuni uomini di teatro, da tempo cercano, fuori Parigi, occasioni di rinnovamento e di alternativa.

Sfuggire Parigi e i suoi insetti
Il primo dei missionari del decentramento è Firmin Gémier, che durante gli anni '20 parte per la provincia: egli aspira ad andarsene in nome della "vita sana, della vita libera... lontano dalle prove generali e dalle prime, lontano da quel pubblico 'che se ne intende', lontano dagli snob e dai clan, lontano dalle zanzare e dagli insetti, dagli invidiosi e dagli articolisti, dai critici e da tutto quello che resta attaccato alla pelle della gente di teatro! uffa! partire... partire..."[1]. Al sogno di un Théâtre National Ambulant si sostituisce la fondazione di un Théâtre National Populaire, che si propone l'obbiettivo di una giusta distribuzione dei luoghi di spettacolo e della riorganizzazione dei rapporti con il pubblico. Jacques Coupeau, negli stessi anni, è costretto a chiudere il suo piccolo teatro sulla rive gauche, il Vieux Colombier. Inacidito, denuncia i misfatti dei "luoghi sofisticati" e parte per la Borgogna per fondarvi un nuovo gruppo: i Copiaux. A sua volta anche Gaston Baty si ritira in Provenza.

Nonostante qualche defezione, visto che non sempre la provincia si rivela all'altezza delle aspettative, la fiducia nell'egualitarismo e nel rinnovamento non si smorza. Quasi subito dopo la Liberazione, nel 1944, risorgono le stesse volontà e le stesse ispirazioni. L'amministrazione della cultura francese si decide allora a fornire qualche sostegno agli uomini di teatro che, fuori Parigi, tentano di rinnovare le concezioni teatrali; in questo modo, poco per volta, si definisce empiricamente una tendenza al decentramento.

Forte dei tentativi fatti negli anni '60, André Malraux cerca di stabilire le basi di un vero e proprio servizio pubblico decentrato. Nascono in questo modo le Maisons de la Culture ideate per le utenze di massa e aperte a tutte le arti, dove al teatro è affidato tuttavia un ruolo fondamentale. La volontà politica è certo ambiziosa, dato che il ministero adotta il programma della costituzione di una ventina di organismi. Di fronte ad un piano di questa portata, viene deciso tuttavia di non ristrutturare locali preesistenti, ma di costruire ex-novo le "cattedrali dei tempi moderni". Si afferma così il principio delle costruzioni a vocazione polivalente, in cui le differenze intervengono soprattutto a livello del dimensionamento. Luoghi di sperimentazione teatrale o cinematografica, le case della cultura hanno anche, forse prioritariamente, il compito di diventare luogo di animazione permanente, accessibile a tutti senza distinzione alcuna. Anche gli spettacoli veri e propri prevedono attività di esposizione, di sensibilizzazione alle arti plastiche, di animazione letteraria, poetica, musicale, ecc.

Il caso di Chambéry
Mentre Grenoble, Bourges o Reims si dotano ben presto di nuove attrezzature culturali, Chambéry rimane tagliata fuori, fino a che agli inizi degli anni '70 prende corpo una possibilità di localizzazione non lontana dal centro cittadino; proprio dietro l'antico tracciato dei bastioni, in seguito alla decisione dell'esercito di abbandonare le caserme ed il terreno

There are few authorities that can claim to have built, in so short a time, so many "Temples" or "Maisons de la Culture," with one or two auditoriums as their main element. Established at the top level, this movement towards decentralization is comparable to the distribution of institutional buildings such as prefectures, barracks or theatres under Napoleon I. Yet the truth is that though the theatre buildings may have existed, provincial theatrical life was, until quite recently, mainly distinguished for its lethargy. All the same, some theatrical figures have recently been seeking an alternative outside Paris, wearied by its routine, its glibness.

Escape from Paris and its pests
The first of these missionaries of decentralization was Firmin Gémier, who set out for the provinces in the twenties. He was looking for "the healthy life, the free life... away from dress rehearsals and prémières, from this clever public, always 'in the know,' from the snobs and coteries, pests, pimps, backbiters, review-writers, critics of everything who cling to the skin of theater folk! Ouf! away, away!"[1] The dream of a Théâtre National Ambulant was replaced by the foundation of a Théâtre National Populaire with the aim of a fair division of the venues of performance and a readjustment of relations with the public. Jacques Copeau, in the same period, was forced to shut down his little theatre on the rive gauche, the Vieux Colombier. Bitterly he attacked the misdeeds of the "sophisticated places" and went to found a new troupe, Les Copiaux. Gaston Baty, in his turn, withdrew into Provence.

Despite occasional disappointments – the provinces sometimes failed to live up to expectations – faith in this egalitarianism and renewal never wavered. After Liberation, in 1944, the same sense of purpose and hope sprang up anew. The French cultural authorities then decided to give some support to those theatrical figures who were trying to renew approaches to the drama outside Paris. Gradually a movement towards decentralization began to take shape empirically.

Strengthened by these efforts in the sixties, André Malraux hoped to lay the basis for a true decentralized public service. This led to the creation of the Maisons de la Culture, devised for the largest possible attendances and open to all the arts but with drama as the staple. The political goal was ambitious, with the ministry adopting the principle of creating twenty or so establishments. With this in mind, it was decided not to convert existing premises but to build the "cathedrals of the modern age" from scratch. This established a principle of multi-use buildings where differences exist mainly in terms of size.

As places for experiment in drama or the cinema, the Maisons de la Culture also have, as their leading task, the function of acting as permanent stimulants, accessible to everyone without distinction. So the performing arts will be backed up by exhibitions, educational displays of the plastic arts, literary occasions, poetry readings, concerts.

The case of Chambéry
While Grenoble, Bourges, and Rheims rapidly provided their new cultural facilities, Chambéry remained idle until the start of the seventies, when the chance came up to work on a site not far from the city centre, just outside the old course of the city walls, as a result of the army deciding to quit its barracks and land there and move outside the city. The opportunity this offered was quickly taken advantage of by the city. In 1975-76 it organized a competition related to a far-ranging program and with the revitalization of the inner city as its objective. While the competition did not lead to any concrete project, it had the merit of raising debate on the

Caserma Curial di Jourdan (1809)
e caserma di cavalleria (Borbot,
1861-62).

Design for the Curial barracks by
Jourdan (1809) and design for
Cavalry barracks (Borbot 1861-62).

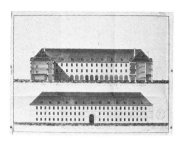

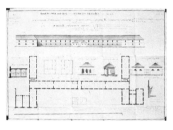

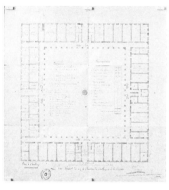

adiacente per andare ad istallarsi più lontano, fuori città. Consapevole della occasione che si presentava, l'amministrazione cittadina organizza nel 1975-76 un concorso facente parte di un vasto programma che si propone come obiettivo la rivitalizzazione del centro cittadino. Anche se il concorso non doveva dare luogo ad alcuna realizzazione, esso ebbe il merito fondamentale di sollevare il problema dell'intervento sul sito, e cioè quello della conservazione o della distruzione delle caserme risalenti al XIX secolo.

Un'aspra polemica si sviluppò attorno agli edifici, soprattutto a proposito della caserma Curial, un'imponente costruzione quadrata costruita fra il 1804 ed il 1810, durante i primi anni dell'unione della Savoia alla Francia[2]. In cambio della sua conservazione, l'amministrazione richiese la demolizione della seconda ampia caserma collocata sull'area, allo scopo di costruire in sua vece una casa della cultura. Potrà sembrare una logica paradossale, ma è proprio in questi termini che è stato organizzato il concorso del 1982. Nel frattempo, la municipalità aveva dato luogo alla decisione di una "attrezzatura aggregata": il centro-città ereditando il grande edificio, e i nuovi quartieri (la ZUP) la sede della sala sperimentale. Ciascuna delle due aree prescelte divenne sede di un concorso fra tre gruppi: per Chambéry hanno partecipato M. Botta, H. Gaudin e J. Perrottet-V. Fabre, mentre per la ZUP sono stati invitati A. Anselmi, B. Kohn e Taillefer-Mercier.

Per quanto concerne la struttura del centro cittadino la scelta della sua localizzazione provocò qualche problema. Furono prese in considerazione almeno tre differenti località: sopra al giardino triangolare a ovest della caserma, di fianco al maneggio sull'altro lato della rue de la Republique, ed infine dietro al quadrato della Curial. Fu alla fine prescelta questa area, ma agli inizi era stato previsto che la Maison de la Culture sarebbe stata autonoma rispetto alla caserma. Ma più tardi, alla luce delle necessità economiche, i concorrenti sono stati costretti a una soluzione di mediazione, utilizzando un lato del quadrato esistente e stabilizzando la grande sala proprio di fianco alla caserma, come una sorta di corpo annesso.

Due importanti conseguenze sono derivate dalla decisione indicata, da un lato il confronto di due costruzioni, di due colossi, di due monumenti, dall'altro il definirsi di una situazione urbanistica sfavorevole. La nuova architettura è stata relegata dietro alla caserma Curial, schiacciata fra un massiccio complesso di abitazioni (in via di realizzazione) e un pendio scosceso che rappresenta il limite orientale del terreno. Oltre a ciò, va sottolineata l'assenza di facciate urbane: solo qualche rara visuale risulta possibile, oltre la rue de la Republique che costeggia il sito. Si è forse pensato, illusoriamente, che la facciata rivista e monumentalizzata della caserma avrebbe funzionato come facciata del teatro[3].

Stabiliti i vincoli, non restava ai tre architetti che decidere il tipo di rapporto che doveva stabilirsi fra il quadrato e la nuova sala. Mentre Perrottet e Fabre avevano deciso di rafforzare l'autonomia della caserma grazie ad effetti di ridondanza, Botta e Gaudin adottavano soluzioni più complesse, in cui l'asse del quadrato della Curial veniva deviato in modo che la costruzione non apparisse più come una semplice aggiunta, ma come occasione di ricostituzione di determinate possibilità architettoniche o urbanistiche. Per questi ultimi il confronto con la caserma si realizzava attraverso il principio della tangenza, mentre il primo gruppo sceglieva effetti di penetrazione. Queste diverse volontà di approccio dimostrano comunque atteggiamenti opposti circa l'esistente: Botta e Gaudin, da parte loro, dimostrano un rispetto e una volontà di valorizzazione della ex-caserma, mentre Perrottet e Fabre scelgono lo sventramento, lasciando in piedi dell'ala est solo due gracili padiglioni angolari. La disposizione dei grandi volumi richiesti dal bando è relativamente simile in tutti i progetti, conse-

problems of how to deal with the site – whether to retain or demolish th barracks inherited from the 19th century.

Fierce controversy arose around the barracks, especially the Casern Curial, an imposing rectangular building erected between 1804 and 181 at the time of Savoy's first re-annexation to France[2]. In exchange for it conservation, the city wanted to demolish the second large barracks o the site because of the supposed need to build the Maison de la Culture i its place. This was a strange piece of logic, but it formed the basis of th 1982 consultation. Early on, the municipality had decided in favor of a "impressive facility:" the inner city inherited the big building and the new districts (the ZUP) were assigned the experimental auditorium. Each o the two sites retained was the subject of a competition between thre teams; in the case of Chambéry the teams were M. Botta, H. Gaudin and Perrottet-V. Fabre and for the ZUP, A. Anselmi, B. Kohn and Taillefer Mercier.

Choice of the location of inner city facilities involved some difficulty No fewer than three different places were contemplated in turn: on th triangular gardens to the west of the barracks, beside the manège on th other side of rue de la République, and behind the Curial square. The las site was chosen, but at the start it was envisaged that the Maison de la Cul ture would be independent of the barracks. Finally economic constraint forced the elected representatives to the specious decision to take ove one wing of the barracks and so meant having to establish the big auditor ium alongside, as a kind of annex.

This had two important effects; firstly the confrontation between two objects, two colossi, two monuments, and then the unfavorable urba arrangement. This is because the new facilities have been relegated to location behind the Curial barracks, huddled in between an imposing cluster of buildings (in the course of construction) and a sudden dro which forms the boundary of the site to the east. In addition, it lacks an urban facade, with only a few rare glimpses visible from rue de la Républi que, on the edge of the site. Could someone have possibly been thinking that the slightly revised and monumentalized facade of the barrack would do as a theatre facade?[3]

Once these constraints were established, the three architects had to decide the kind of relationship to create between the square and the new auditorium. While Perrottet and Fabre decided to back the independence of the barracks building by efforts at redundancy, Botta and Gaudi adopted a more complex solution in which the Curial axis was deviated s that the building wouldn't appear a simple addition but as a chance t recreate certain architectural or urban possibilities. They saw the confron tation with the square barracks growing out of a tangential principle while Perrottet and Fabre preferred an effect of penetration. These differ ent basic principles are indicative of opposing attitudes to the existing structures. Botta and Gaudin show great respect for the ex-barracks and attempt to make the most of it, while Perrottet and Fabre prefer to gut the building, retaining only the two flimsy little corner pavillions of the eas wing.

The arrangement of the large open spaces called for in the program, i quite similar in both all the designs after the competition brief. The eas wing of the barracks is essentially used as a reception area. Some of the designs, like the ones submitted by Perrottet and Fabre, have hypertro phied the entrance lobby to the point where it swallows up the whole wing. The other two entries have tried to enhance the specific qualities o the old part. Gaudin's design, leads one through the mirror, to the othe side of the facade, where one ends up in the hallway or foyer located be tween the barracks and the circular auditorium.

*Progetto di H. Gaudin per la casa
della cultura di Chambéry; sala e
piano terreno.*

*Design by H. Gaudin for
Chambéry's "house of culture"; view
of the hall and ground floor plan.*

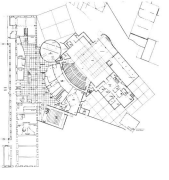

guenza delle raccomandazioni del concorso. Di conseguenza l'ala della caserma è sostanzialmente utilizzata come zona di accesso: anche se qualcuno, come Perrottet e Fabre hanno ingigantito le hall d'ingresso al punto tale che tutta l'ala ne risulta inghiottita. Al contrario, gli altri due partecipanti, si sono sforzati di esaltare le proprietà specifiche della parte vecchia. Nel suo progetto, Gaudin invita ad attraversare lo specchio; vale a dire, a passare dall'altra parte della facciata per ritrovarsi nella hall o foyer posto fra la caserma e la rotondità della sala. In questo "in between", Gaudin distilla i suoi effetti e realizza un vero e proprio decoro costruito. La presenza di questa facciata entro un enorme spazio ricoperto da una vetrata restituisce simbolicamente la dimensione del teatro in quanto immagine virtuale, pur essendo immagine concreta. A questi effetti scenografici Botta contrappone una considerazione più interiore, quella di un edificio che si rivela come immagine dell'incontro fra due strutture, fra due ordini, così come il teatro è l'immagine dell'incontro fra due mondi, quello dell'attore e quello dello spettatore. E per questo egli propone il concetto di passeggiata architettonica fatto di contrazioni e di esplosioni. Nel vecchio edificio egli realizza una sorta di scultura tramite le scale, gli archi e i passaggi, dando inizio ad un percorso ascensionale che ha termine raggiungendo la sala. Ma prima di arrivarvi, è necessario imboccare la fragile e sublime passerella vetrata che collega la vecchia e la nuova costruzione. Fra le due architetture, volutamente tenute distinte, tutto è stato fatto per esaltare la tensione che intercorre fra la lunga facciata rettilinea della caserma e la curva semi-cilindrica della sala. In questa presa di distanza dal quadrato della Curial, Botta si rivolge con intelligenza alle preesistenze del sito, quali la strada che costeggia la facciata est della caserma; e dimostra in questo modo di non voler rompere il fragile equilibrio composto da tracce e abitudini sulle quali si fonda la vita del quartiere.

Artaud contro Copeau, ovvero l'eterno dibattito

Dal XIX secolo pochi argomenti hanno suscitato tante polemiche quanto il teatro. Da un lato si collocano, come Artaud o Piscator, i sostenitori di un teatro totale, quei difensori della rigenerazione scenica realizzata attraverso la rivoluzione tecnica. Artaud fa riferimento ad un luogo senza ornamenti, in cui gli spettatori disposti su sedili mobili possono seguire gli attori che si muovono "nei quattro punti cardinali" in una sala in cui le gallerie permetterebbero "all'azione di svolgersi a tutti i livelli e in tutte le direzioni"[4]. Il dispiegarsi dell'azione sarebbe poi ampliato e moltiplicato grazie ai più moderni processi. A tutti questi sostenitori del macchinismo si oppongono i fautori della sobrietà, come Copeau, che denuncia l'abuso dei macchinari: "per quanto perfetta possa essere la messa a punto, per quanto elegante possa essere il funzionamento, per quanto curiosa possa essere la messa in scena, non esiste niente di più glaciale di una macchina che ripete se stessa. E la macchina non può che ripetersi. Di per sé è divertente... ma questo non è un concetto della rappresentazione drammatica"[5]. Vecchie questioni, penseranno alcuni, ma questi sono i termini stessi del dibattito che affiorano nel concorso stesso di Chambéry. Oltre a ciò, i vincoli erano resi ancora più complessi per la volontà dell'amministrazione di ottenere una sala dotata di una doppia capacità, di 450 posti o di 950.

Per la coppia Perrottet-Fabre l'obiettivo è elementare: lo spazio teatrale è concepito come un luogo di produzione simile ad una fabbrica, dove è sufficiente disporre gli spettatori ad anfiteatro perché la comunicazione si stabilisca. Quindi nessun fronzolo: non si tratta altro che di dispositivi tecnici o di pannelli mobili mescolati a qualche rara galleria di accesso. Agli opposti di uno schematismo come questo si collocano le altre due proposte: Gaudin, da parte sua, avanza l'ipotesi di una sala ad anfiteatro

In this "in-between" area, Gaudin works his effects and sets out a fully constructed décor. The presence of this great facade in the large glazed areas symbolically restores the theatrical dimension as virtual image while being a present image. To scenographic effects such as these, Botta prefers a more inward concern, with a building that seems the image of the encounter between two structures, between two orders, just as the theatre is the image of the meeting of two worlds, the actor's and the audience's. This is why he proposes an architectural promenade made up of restrictions and explosions. In the old building, he arranges a kind of sculpture, starting with the staircases, arches and passageways, the starting point for an ascending path leading up to the auditorium. But before reaching it he has to make use of the frail, sublime glazed gangway that links the old building and the new. Between the two buildings, deliberately kept separate, everything has been done to intensify the tension between the long rectilinear facade of the barracks and the curving half-cylinder of the auditorium. By taking distance from the square of the Curial, Botta considers with intelligence the existing, as the street flanking the east facade of the barracks. He shows this unwillingness to break the frail balance made up of traces and habits and holding the neighborhood together.

Artaud against Copeau, or the eternal debate

Ever since the 19th century there have been few topics so controversial as the theatre. On the one were arrayed the supporters of total theatre, like Artaud or Piscator, defenders of the regeneration of the stage by through technical revolution. In fact Artaud appeals for an unadorned space where members of the audience, on mobile chairs, could follow the actors evolving to the "four points of the compass" in a theatre with galleries to allow "the action to develop on every level and in every direction."[4] The spread of the action would be even further amplified and multiplied by all the most modern techniques. These supporters of mechanics are opposed by the exponents of the stripped down theatre, such as Copeau, who attacked the over-use of machinery: "However perfect its organization, however refined its functioning, however ingenious its invention, nothing is so numbing as a machine repeating itself. All it can do is repeat itself. It is amusing in itself... but it isn't a dramatic performance."[5] Old arguments, some may say, but these are the terms of the very debate that cropped up again in the Chambéry competition. Its task was made all the more arduous because of the town's wish to be secure an auditorium of two alternative capacities, seating either 450 or 950.

The Perrottet-Fabre team saw the proposal as very simple: the theatre was conceived as a place of production comparable to a factory, where the audience just has to be arranged in an amphitheatre to enable communication to take place. So, no frills – nothing but technical equipment or moveable panels revealing a few rare access galleries. The two other designs are the exact opposite of this schematicism. Gaudin layd out an auditorium with various architectural elements like orchestra pit, stalls and galleries. There's no break between the auditorium and the stage, the sides just draw in to form a frame. As for the walls, they seem to double up in all kinds of ways, with balconies, access ways, and windows to enliven them, so that the members of the audience, through shifting positions, themselves become one of the actors. But these spaces are not reserved solely for their use: at the behest of a director they can be turned into extensions of the stage action in the body of the auditorium. Botta, for his part, wanted to avoid setting the audience too far away from the stage, and so he set out a pit and balcony offering varied viewpoints but all of them giving a close view of the action. As Giorgio Strehler has recently emphasized,[6] it must not be a case of segregation but of stratification. For in the

Progetto Perrottet-Fabre per la casa della cultura di Chambéry; sala e piano terreno.

Perrottet-Fabre plan for the Chambéry's "house of culture"; view of the hall and ground floor plan.

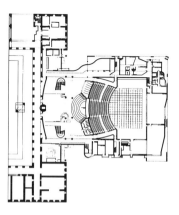

dove, prendendo pretesto dalle due dimensioni richieste, dispone elementi architettonici diversamente trattati, come l'orchestra, la platea o le gallerie. Non esistono fratture fra la scena e la sala, solo una serie di strettoie completano il quadro. Le pareti, dal canto loro, sembrano raddoppiarsi per effetto di episodi di ogni genere, accessi, balconi, finestre in gran quantità, che ravvivano le superfici. In modo che gli spettatori stessi, a seconda delle collocazioni, diventano essi stessi attori. Ma non c'è area che sia loro riservata, e a seconda della regia, queste possono divenire il prolungamento, nella sala, dell'azione scenica. Botta, dal canto suo, ha stabilito come principio fondamentale di non separare eccessivamente il pubblico dallo spazio scenico. A questo scopo introduce una platea e una balconata in grado di offrire molteplici punti di vista, sempre tuttavia vicini all'azione. Proprio come ha sottolineato di recente Giorgio Strehler[6] non si tratta di segregare ma se mai di stratificare. E in effetti nelle nuove costruzioni teatrali, sia in platea che sulle balconate, non esistono posti privilegiati, ma solo rapporti differenziati con la scena. Al di là di questa organizzazione, la sala in questo progetto sembra una noce, il cui guscio inferiore, quello destinato al pubblico, si congiunge con quello superiore, appositamente studiato in relazione ai problemi acustici.

Lasciando queste sale, quando il sipario è ormai calato, con il ricordo dello scenario, raggiungiamo le arcate esterne per scoprirvi il raffinato trattamento delle gabbie sceniche: forse totem astratto, forse torre medioevale dagli angoli scintillanti. Ma in questo modo, fin dagli esordi, il concorso per la casa della cultura di Chambéry–centro avrà proposto due seducenti progetti di teatri in evoluzione.

new theatres there are no privileged seats but merely two different relations with the stage, whether you're in the pit or the gallery. Apart from this arrangement, the auditorium in the design looks like a walnut, with the lower shell, housing the audience, hinging onto the upper shell, specially designed for acoustic effect.

On leaving these auditoriums, after the curtain has fallen, as if on a set, we go up above to discover the refined handling of the stage wells: at times an abstract totem pole and at times a medieval tower with glittering corners. So that the competition for Chambéry's Maison de la Culture in the inner city has produced some attractive designs for a theatre of the future.

[1] Citato da E. Copfermann in *Le Théâtre populaire, pourquoi?*, Parigi 1969, p. 33.
[2] Sulla storia della organizzazione delle caserme, si veda il mio articolo "Chambéry au XIXᵉ siècle", in *Monuments Historiques*, n. 116, settembre/ottobre 1981, pp. 47-50.
[3] Tre grandi vestiboli sono stati realizzati da J.P. Fortin, architetto della città, allo scopo di favorire la penetrazione all'interno della caserma.
[4] A. Artaud, *Oeuvres complètes*, t. IV, *Le théâtre et son double*, Parigi 1970, p. 115.
[5] J. Coupeau, *Registre I: Appels*, Parigi 1974, p. 166.
[6] Intervista a G. Strehler in *Le Journal de Chaillot* n. 9, dicembre 1982, pp. 2-3.

[1] Cited by E. Copfermann in *Le Théâtre populaire, pourquoi?*, Paris 1969, p. 33.
[2] For the history of the placing of the barracks, see my article "Chambéry au XIXᵉ siècle," in *Monuments Historiques*, no. 116, September/October 1981, pp. 47-50.
[3] Three great porches were built by J.P. Fortin, the city architect, to facilitate access to the interior of the barracks.
[4] A. Artaud, *Oeuvres complètes*, t. IV, *Le théâtre et son double*, Paris 1974, p. 166.
[5] J. Coupeau, *Registre I: Appels*, Paris 1974, p. 166.
[6] G. Strehler, interview in *Le Journal de Chaillot* no. 9, December 1982, pp. 2-3.

Chambéry-le-haut
Alessandro Anselmi GRAU
con/with E. Rizzuti, A. Salvioni, S. Stera, R. Ugolini

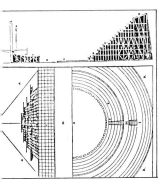

Convocato per il concorso della sala sperimentale collocata nei nuovi quartieri di Chambéry, A. Anselmi ha preso atto del bando che gli è stato proposto per trascenderlo. In questo modo, trascurando l'orientamento stabilito verso la piazza, rovescia la posizione della sua costruzione per aprirla, sul vasto parco che borda il terreno. Da questo momento, realtà e finzione si mescolano, si respingono e si confrontano, dal momento che alla montagna reale, quella delle vette alpine, si contrappone una montagna artificiale fatta di gradini e di manichini geometrici.

Opera erculea di questo momento di eternità, la cui raffinatezza è sfuggita alla giuria: tanto è vero che non uno, ma due sono i teatri proposti. Per effetto di una sorta di inclinazione diagonale di uno dei fianchi, prende corpo un teatro all'aperto mentre sotto alla pendenza si organizza la sala richiesta. Al di là di questo dualismo, il progetto di Anselmi adotta una concezione d'insieme composta da una aggregazione di oggetti simbolici e di situazioni spaziali diverse. L'esterno si presenta sotto l'effigie di una piazza in prospettiva bordata di costruzioni dall'insolita facciata, il cui centro risulterebbe occupato da gradini poggianti su elementi simili alle strutture in legno dei disegni di Serlio. Sotto a questo dispositivo dalla apparenza precaria, egli recupera lo stesso concetto, rovesciandolo, per organizzare la sala da spettacolo vera e propria. Il teatro e gli annessi risultano in questo modo con i loro assi convergenti verso la piccola scena costruita in fondo all'edificio, mentre i muri perimetrali non sono altro che il prolungamento delle enigmatiche facciate delle costruzioni che circondano il teatro all'aperto.

Strana visione di una architettura retta dalla prospettiva, dove tutto non è altro che magia, sdoppiamento, citazione; ma al di là della immagine l'edificio non propone altro che un appello al percorso. Anselmi ci convince a penetrare all'interno dove, indipendentemente dalla apertura della sala, ci convince a scoprire le diverse epoche della storia del teatro. Percorso iniziatico composto di testimonianze o di rivelazioni, dove il teatro greco si affianca a quello elisabettiano, dove la natura si contrappone all'artificio, dove l'effimero sfiora l'eterno. In questo gioco di presenze e di assenze, lo spettatore viene proiettato in un universo di simboli giustapposti, elementi caratteristici della pittura metafisica.

Teatro degli enigmi, il progetto di Chambéry testimonia la profonda complicità che lega Anselmi a de Chirico. Oltre alle affinità formali, come quella dei piani inclinati o dei manichini geometrici, rientrano in questa ricerca della "seconda identità" quegli oggetti che il pittore descriveva, nel 1919, in questi termini: "Ogni oggetto presenta due apparenze, quella di tutti i giorni che noi abbiamo quasi sempre sott'occhio e quella, spettrale e metafisica, che solo pochi individui percepiscono in alcuni momenti di chiaroveggenza e di astrazione metafisica...".

La rappresentazione era pronta, l'allestimento e i personaggi erano di scena, ma i tre colpi che si sono sentiti non presagiscono niente di buono: il progetto dovrà rimanere fra le memorie del teatro.

Drawn by the competition for an experimental auditorium sited in the new districts of Chambéry-le-haut, A. Anselmi mastered the program he was confronted with in order to transcend it. Relinquishing the orientation previously laid down towards the square, he swings his building round so that it opens up towards the great park bordering its site. From this instant, the real and the fictional merge, recoil and sustain each other, for to the real mountains, with their alpine summits, he opposed an artificial mountain made up of steps and geometrical dummies.

A herculean task, this moment of eternity, whose finesse has escaped the judges, though it was not one but two theatres that were being proposed. By a kind of diagonal inversion on one side he arranges an outdoor theatre while the auditorium called for in the brief is fitted in beneath it. Apart from this duality, Anselmi's design moves from an overall conception consisting of a cluster of symbolical objects and different spatial situations. The exterior is presented under the guise of a square in perspective bordered by buildings with strange facades and whose centre was meant to be occupied by steps resting on scaffolding parallel to the wooden structures of Serlio's drawings. Under this seemingly precarious arrangements, the same principle, but inverted, is taken up in order to lay out the auditorium proper. The theatre and its annexes thus come to have their axes converging towards the small stage set at the end of the building, so that the bearing walls are merely the continuation of the enigmatic facades of the buildings surrounding the outdoor theatre.

A strange vision of a construction ruled by perspective and in which everything is magic, doubling or quotation; but beyond the image there is an appeal to further development in this building. Anselmi leads us into this interior, where independently of the auditorium opening, he impels us to discover the different epochs in the history of the theatre. An initiatory route made up of reminders and revelations, in which the Greek theatre is set beside the Elizabethan, nature is opposed to artifice, and the ephemeral borders on the eternal. In this interplay of presences and absences, the audience is plunged into a universe of juxtaposed symbols in a manner characteristic of metaphysical painting.

A theatre of enigma, the Chambéry project bears witness to an intense complicity that unites Anselmi with de Chirico. Apart from the formal similarities, such as these inclined planes or geometrical dummies, they are also associated by this quest for the "second identity" of the objects described by the painter, in 1919, in these terms: "Every object has two appearances, its everyday one which we see most of the time, as a rule, and its spectral or metaphysical one, which only rare individuals see in their moments of clairvoyance and metaphysical abstraction..."

The set was set, the props and the characters in place, but the three chimes that sounded boded no good: the design was to remain merely a theatrical memory.

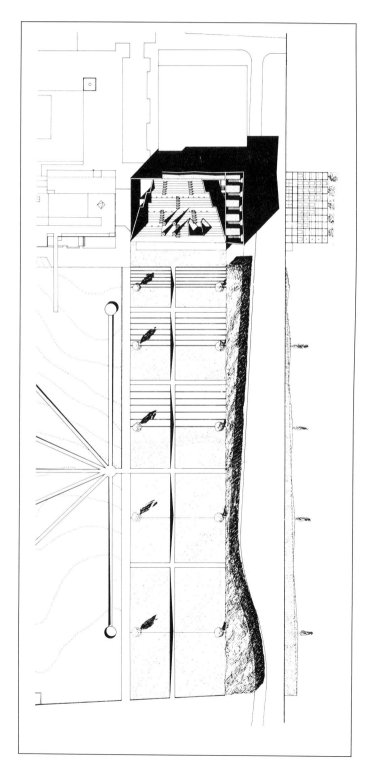

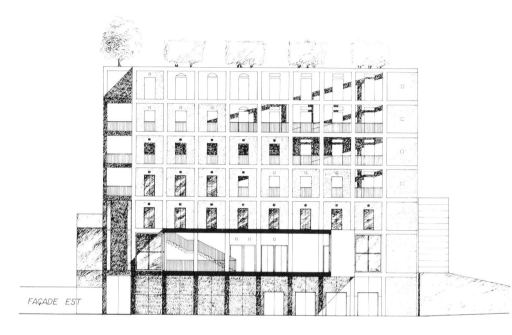

FAÇADE EST

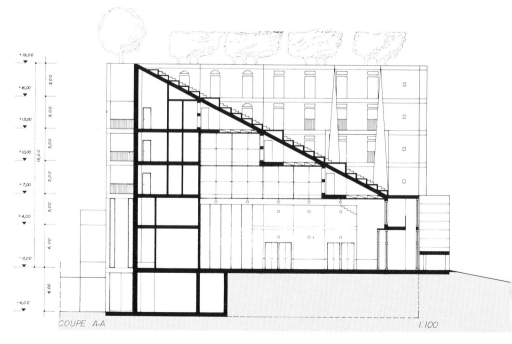

+19,00
+16,00
+13,00
+10,00
+7,00
+4,00
-0,00
-4,00

COUPE A-A

1:100

Veduta prospettica.   *Perspective view.*

Prospetti, sezioni e piante a diversi livelli.

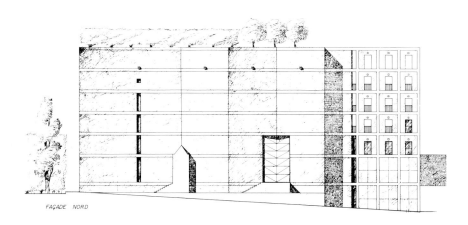

FAÇADE NORD

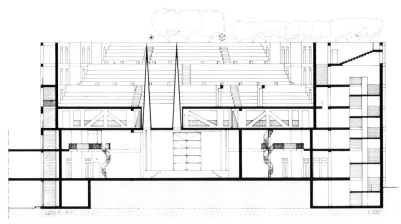

COUPE F-F   1:100

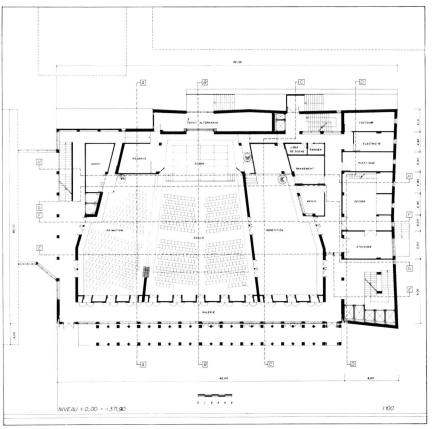

NIVEAU +0,00 = +371,90   1:100

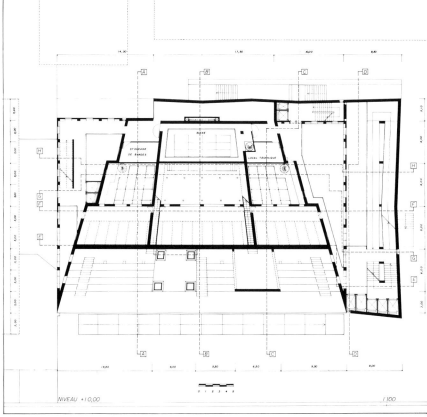

NIVEAU +10,00   1:100

*Elevations, section and plans on
different levels.*

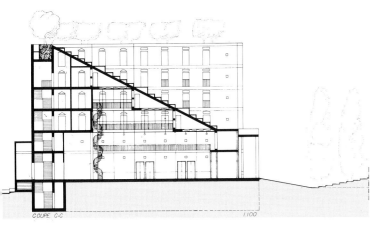

COUPE C-C   1:100

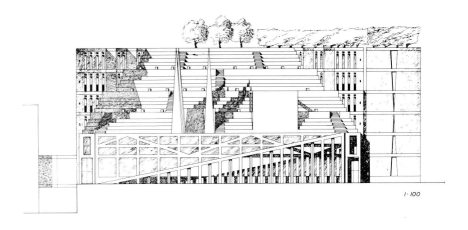

1:100

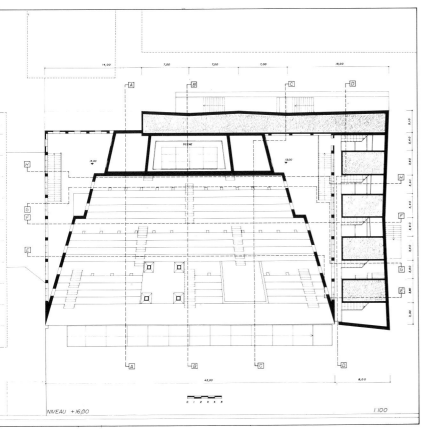

NIVEAU +16,00   1:100

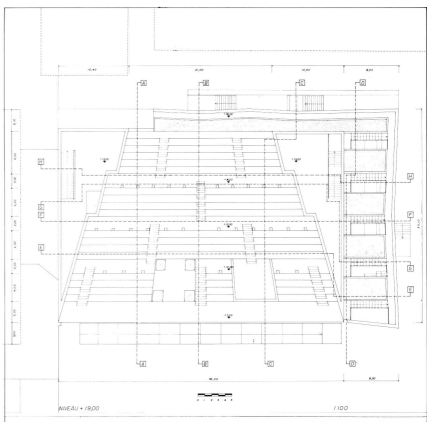

NIVEAU +19,00   1:100

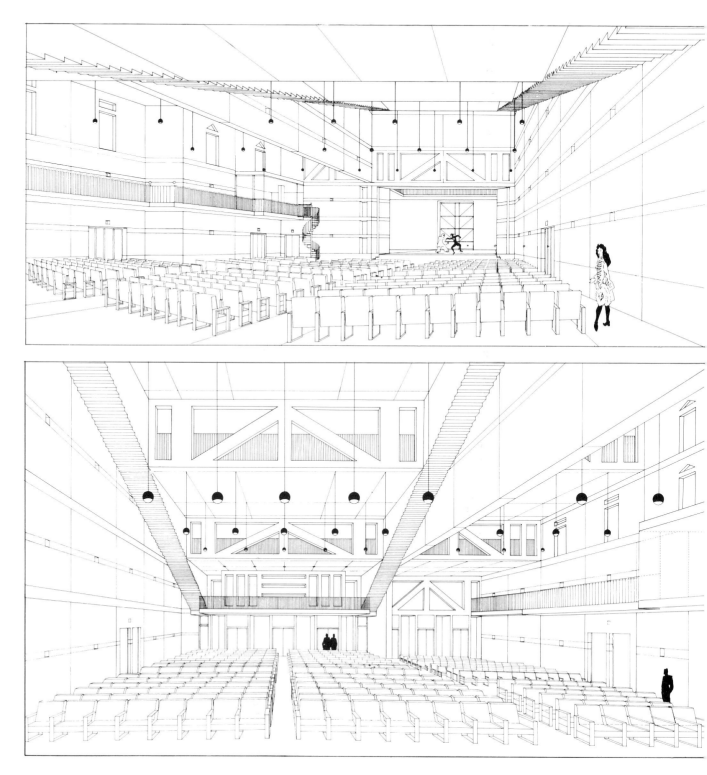

Chambéry-le-bas
Mario Botta

Il terreno prescelto per la casa della cultura di Chambéry, era situato in una di quelle aree dove la struttura urbana è in procinto di svanire per effetto dei nuovi interventi. Per questo motivo Mario Botta, agendo con misura ed efficacia, ha proposto un edificio dall'assoluta coerenza. Rannicchiato su se stesso, come un lottatore giapponese che raccoglie le proprie forze prima di lanciarsi, la costruzione si erge con forza ed autonomia vicino alla caserma Curial: ma questo dualismo fra le due entità è mediato dalla geometria: alla immagine quadrata della vecchia caserma corrisponde il semi-cilindro della nuova sala. Più sottile ancora di questo confronto, risulta la piccola piazza delimitata dalle grandi scale di soccorso, dietro al vecchio edificio della gendarmeria. Lo spazio così costruito rivela quell'arte consumata di Botta nell'inventare le condizioni di un intervento architettonico o urbanistico, e quella sconcertante facilità nel ricostruire i luoghi del progetto.

La matrice geometrica dell'insieme diventa così supporto per una presa di possesso del terreno, ma anche mezzo di organizzazione di tensioni fra ciò che è e quello che sarà. Questo rispetto per l'esistente, che non bisogna confondere con la mancanza di coraggio, ha fatto proprio l'obiettivo del recupero del luogo per rivelarne le qualità spaziali. Una volta che il patrimonio o gli elementi fondamentali del sito siano stati rafforzati, allora possono prendere corpo i nuovi interventi. Per scoprirli, basta imboccare la passeggiata architettonica che Botta ha progettato, e soprattutto avviarsi sul fragile ponte di vetro che lega il quadrato della Curial alla sala teatrale. Questo passaggio rappresenta una rottura vera e propria che, abbandonando il mondo delle linee rette ereditato dal passato militare, penetra nel mondo del bozzolo o della conchiglia protettrice, con le sue oasi di illusioni nel profondo. Dall'alto di questa frattura fra i due mondi, si

scoprono i due edifici che si attraggono e si respingono sullo sfondo della città.

Ma non bisogna confinare l'intero progetto al solo confronto fra il quadrato ed il cerchio. Effettivamente Mario Botta ha saputo sostituire a questa opposizione binaria una divisione funzionale in tre zone. La costruzione si organizza dunque a partire da tre volumi distinti ed autonomi: l'ala orientale della caserma, dove sono disposte le strutture di accesso e di animazione; il semicilindro che ospita la sala da spettacolo; il "totem", imponente figura all'interno della quale sono nascosti lo spazio scenico e le sue dipendenze tecniche, la sala prove e i camerini.

Dopo il giudizio della giuria, questi tre elementi architettonici sono rimasti anche se ognuno di essi è stato oggetto di una ridefinizione. Le trasformazioni più significative sono dovute alla modificazione del bando e riguardano fondamentalmente tre direzioni. Innanzitutto la sala teatrale dove la balconata è stata eliminata in conseguenza dell'abbandono del principio di un ambiente a due capienze. Per questo motivo la sala in origine quadrata ha visto i propri contorni arrotondarsi per adeguarsi alla forma semi cilindrica dell'edificio, mentre di rimando, l'altezza totale è diminuita. È stato inoltre necessario far posto al piano terra ad una hall più amplia e ad uno spazio scenico polivalente: come conseguenza, i sottili accessi fra il blocco quadrato e la sala sono diventati passaggi continui. Infine, in relazione ai nuovi imperativi scenografici, il volume della gabbia scenica si è un poco ingrossato.

A queste trasformazioni, si contrappone quella sorta di a priori formale che Mario Botta rivendica: forte di questa certezza, egli propone soluzioni diverse ma sempre riferite all'essenziale, la cui forza contenuta ha imposto una compattezza alla costruzione che gli ha permesso di evitare la banalità di soluzioni spazialmente articolate.

The land earmarked for Chambéry's Maison de la Culture was one of those places where the urban structure is being wiped out by new developments. Mario Botta acted with pondered restraint in a design for a completely coherent building. Wholly gathered into itself, like a Japanese wrestler crouching before springing forward, concentrating his energies, the building stands strong and independent next to the Curial barracks. The duality between the two buildings is mediated by the geometry, with the half cylinder of the new auditorium responding to the square block of the old barracks. Even subtler than this relationship is the little square bounded by the fire escape stairs behind the gendarmerie building. The space created here reveals Botta's consummate artistry in inventing the conditions for an architectural or urban design and his disconcerting facility in creating anew the spaces of a project.

The geometrical matrix of the whole provides support for the takeover of the land as well as the means to create a tension between the existing elements and things to come. This reverence for the existing – not to be confused with timidity – sets itself the task of recovering a place in order to reveal its spatial qualities. Once this legacy of the site's basic elements has been consolidated, then the new arrangements can be laid out. To discover that it is necessary to follow the architectural promenade Botta has drawn, and above all to venture onto the frail glazed catwalk linking the Curial carré and the theatre.

This is frankly a steep climb, where on leaving the rectilinear domain inherited from the military past, one enters the world of the cocoon or protective shell housing a haven of illusion within it. At the top of this fracture between the two different realms, one rediscovers two buildings attracting and repelling each other while the town

appears beyond in the distance.

But the whole design ought not to be confined within the confrontation of square with circle. Mario Botta in effect replaces this binary opposition with a functional three-part arrangement. The building is thus organized on the basis of three distinct and independent volumes: the east wing of the barracks housing the reception and animation facilities; the half cylinder housing the auditorium; the "totem pole," an imposing shape concealing the stage and its technical equipment, rehearsal rooms and dressing rooms.

After the competition decision was taken, these three architectural elements were retained except that each has been redefined. The most significant changes stem from the modifications to the brief and mainly affect three areas. Firstly the auditorium had a balcony which has been eliminated together with the idea of a two-compartment auditorium. Consequently its originally square shape has been rounded to match the building's half-cylindrical shape and its overall height has been lowered. Then the rez-de-chaussée has had to make room for a bigger lobby and a multi-purpose performing area. As a result, the slender access way between the square block and the auditorium is converted into a continuous passageway. Finally, following on the new staging requirements, the volume of the stage well has been slightly rehandled.

These changes had to be confrontated with the kind of a priori form Mario Botta was affirming. Strong in his certitude, he has proposed varied solutions yet always with designs going straight to the essential, whose restrained power gives the building a compactness enabling him to avoid the commonplaces of divided spaces.

Sezione della caserma esistente e
piante dei diversi livelli.

Section of existing barracks and
plans of different levels.

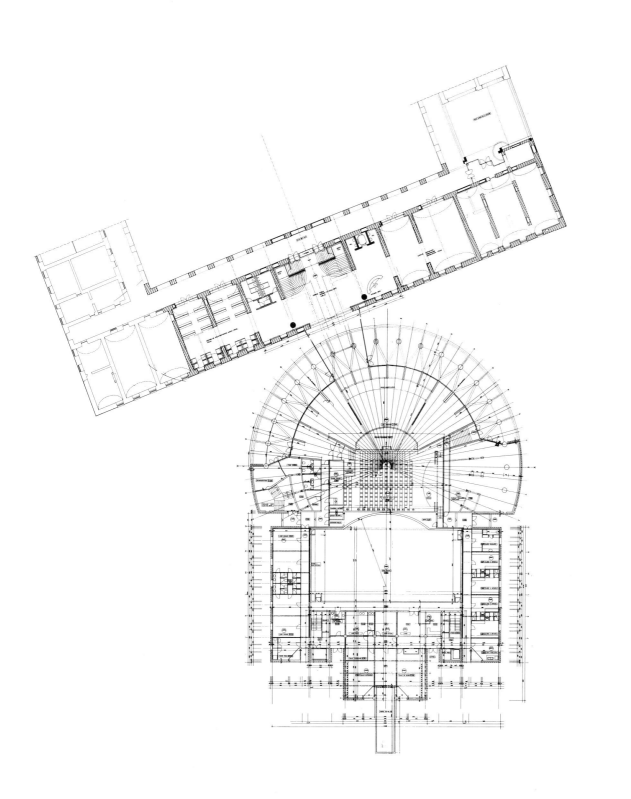

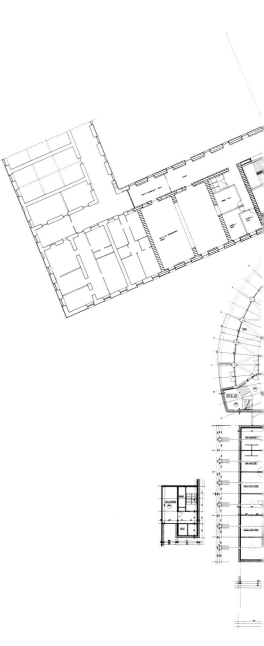

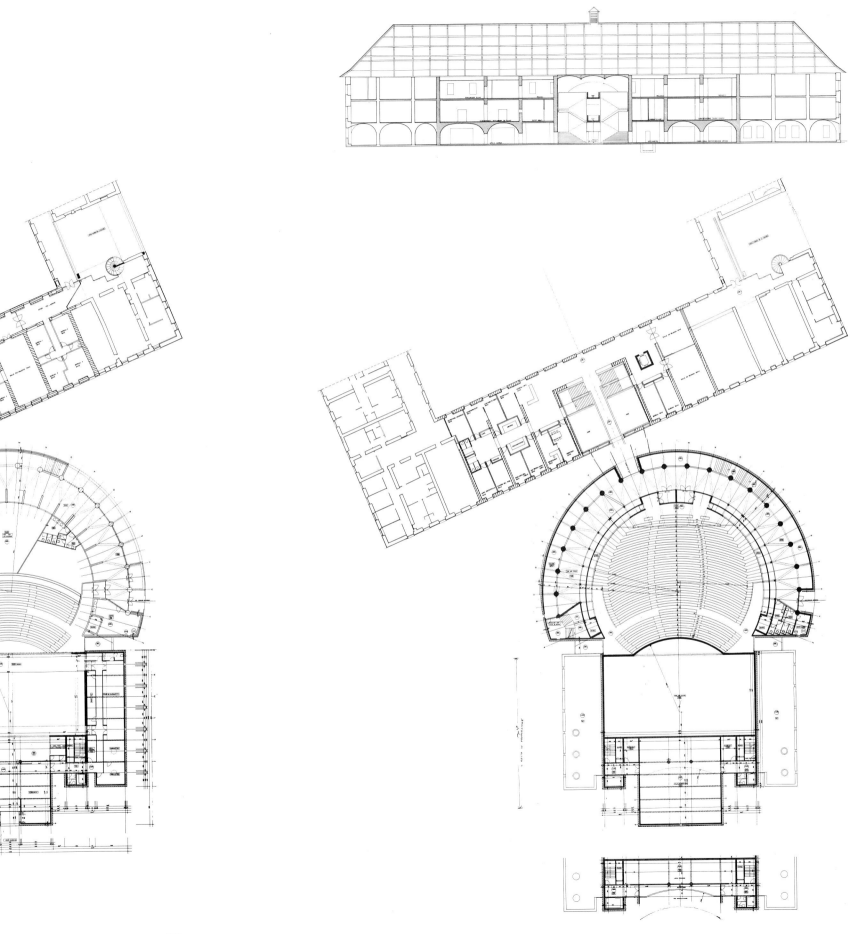

83

Sezione trasversale e longitudinale.   *Transversal and longitudinal sections.*

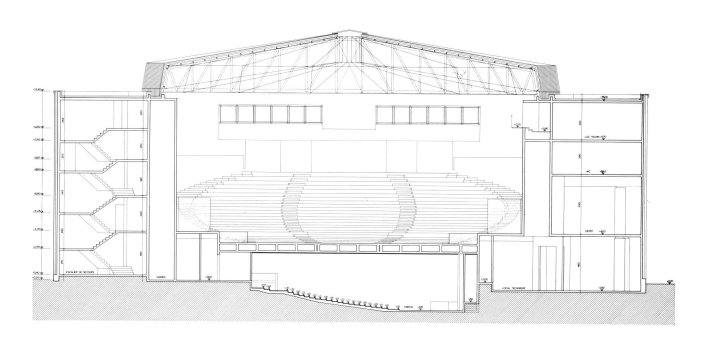

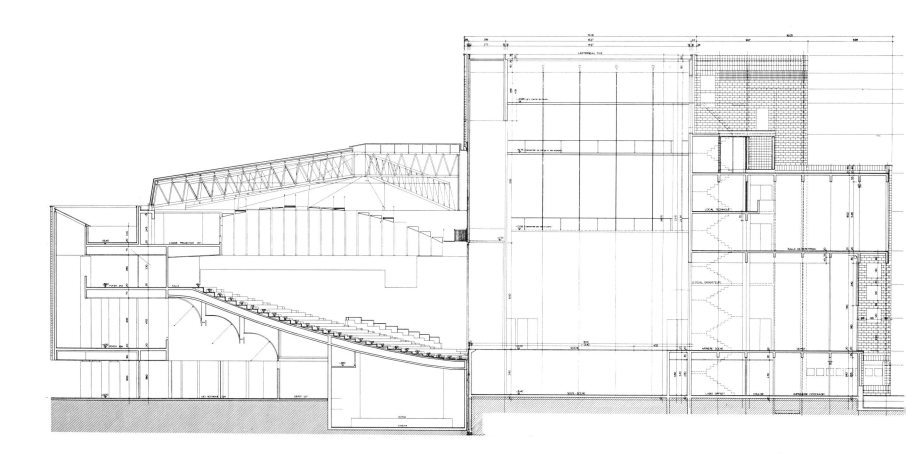

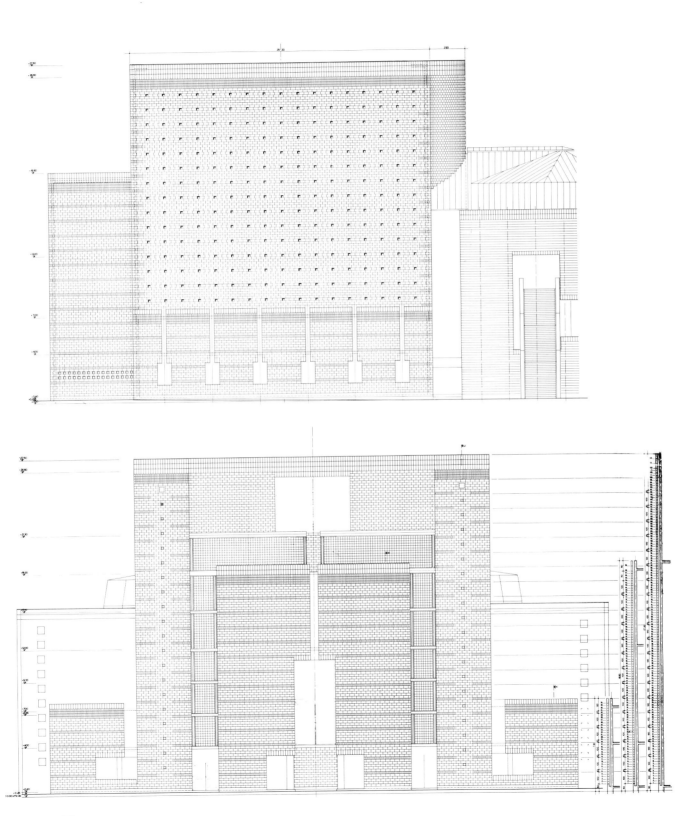

Schizzo per la scala di soccorso.   *Study sketch for safety stairs.*

Veduta del modello.   *View of model.*

Progetto per il teatro dell'opera Bastille a Parigi

Riflessioni sul luogo e sul programma

Project for the Bastille opera house in Paris

Remarks on the place and on the program

Pierluigi Nicolin con/with J.G. Giorla, A. Linti, G. Marinoni

Questo progetto si prefigge di trasformare le parti principali del gigantesco programma per il nuovo teatro dell'opera di Parigi – destinato ad essere costruito in uno spazio di risulta prospiciente la piazza della Bastiglia – in un programma architettonico che investe un intero nodo urbano del sud-est parigino.

Si tratta di un controprogetto che intende mostrare – contro gli inevitabili contorsionismi delle proposte in una localizzazione inadeguata – come sia parte della responsabilità stessa dell'architettura quella di valutare le condizioni di adeguatezza degli edifici e dei loro contenuti in relazione ai siti urbani.

Tramite una corretta individuazione formale e tipologica delle parti costitutive del complesso dell'Opéra, si può in effetti aspirare a raggiungere una disposizione razionale degli elementi nella nevralgica situazione parigina.

Questo proposito comporta l'attuazione delle decisioni seguenti:

1. Collocare le strutture vere e proprie del teatro all'interno del bacino dell'Arsenale, già in corso di trasformazione per ospitare un porto turistico. Il complesso teatrale, in parte affondato nel grande bacino, sarà organizzato entro una sequenza di edifici che racchiudono tre cortili di altezza pari a quella dell'edilizia circostante. Il lato sud della piazza della Bastiglia viene delimitato dal fronte della nuova edificazione che, circondata dalle acque del bacino, viene raggiunta attraverso un grande pontile. Da qui ci si avvia lungo una via interna in asse con la grande colonna, delimitata sul fondo dal volume della scena della grande sala, e fiancheggiata dai due volumi scenici delle sale minori.

Svolgendosi alla quota del piano stradale, questo percorso attraversa i cortili, creando una prosecuzione dell'asse prospettico incentrato sulla colonna e avviando facilmente alle zone di accesso delle varie sale. In particolare la grande sala, visibile dall'esterno come un volume cilindrico collocato entro il terzo cortile, è la meta finale di questo percorso. Essa viene raggiunta scendendo dai due foyers che si trovano ai lati del volume delle scene.

2. Disporre nell'area di risulta già destinata all'intera operazione soltanto i laboratori del teatro, con i depositi, e completare l'attuale fronte verso la piazza con un edificio "normale" per i servizi comuni. In definitiva in questo modo si costruisce su quest'area un volume di poco superiore all'esistente.

3. Lasciare che la piazza della Bastiglia preservi il suo carattere di carrefour e di luogo aperto centrato sul movimento rotatorio e sulle prospettive convergenti sulla colonna.

4. Aprire il teatro anche sul nuovo porto turistico del bacino dell'Arsenale e quindi inserire la nuova Opéra nei grandi circuiti turistici della Senna, prevedendo un accesso anche da quella parte. In questo modo il nuovo teatro verrebbe incluso nello scenario dei grandi monumenti parigini.

The goal of this project is to transform the principal parts of the gigantic scheme for the new opera-house in Paris – whose construction is planned in a residual space looking onto the Bastille square – into an architectural scheme that would affect an entire urban junction in the south-east of Paris.

It is a counterproject that aims to show – in contrast to the inevitably contortionist nature of solutions within an unsuitable location – that it is part of the responsibility of architecture to evaluate the state of suitability of buildings and their contents in relation to urban sites.

By giving a correct formal and typological shape to the constituent parts of the opera complex, one can in effect hope to arrive at a rational layout of elements in the crucial and difficult Parisian situation.

Such an intention involves putting the following decisions into effect:

1. Locating the essential structures of the theatre inside the basin of the Arsenal, which is already undergoing alterations to house a tourist port. The theatre complex, partly sunk into the large basin, will be arranged in a sequence of buildings that enclose three courts of the same height as that of the surrounding building fabric. The south side of the Bastille square is bordered by the front of the new building which, surrounded by the waters of the basin, is reached by crossing a large quay. From here an internal street commences in line with the great column, bordered at the rear by the volume of the stage for the main hall and flanked by the two volumes of the stages for the lesser halls.

Laid out on the same level as the road system, this route crosses the courts, creating an extension of the axis of perspective centred on the column and offering easy access to the entrance zones of the various halls. The main hall in particular, visible from the outside as a cylindrical volume set inside the third court, is the final goal of this route. It is reached by descending from the two foyers that are situated as the sides of the block formed by the stages.

2. Locating in the residual area formerly intended to house the entire undertaking only the workshops of the theatre, with their storehouses, and completing the existing front overlooking the square with an "ordinary" building for common facilities. In the end the volume to be constructed in this area turns out to be little bigger than the present one.

3. Allowing the square of the Bastille to retain its character as a cross-roads and an open place centred on rotary movement and on the perspective that converge in the column.

4. Opening the theatre onto the new tourist port in the dockyard basin and thereby inserting the new Opéra into the main routes of tourism along the Seine, by providing for access from this area too. In this way the new theatre would be included in the scenery of great Parisian monuments.

Photos by Paolo Rosselli

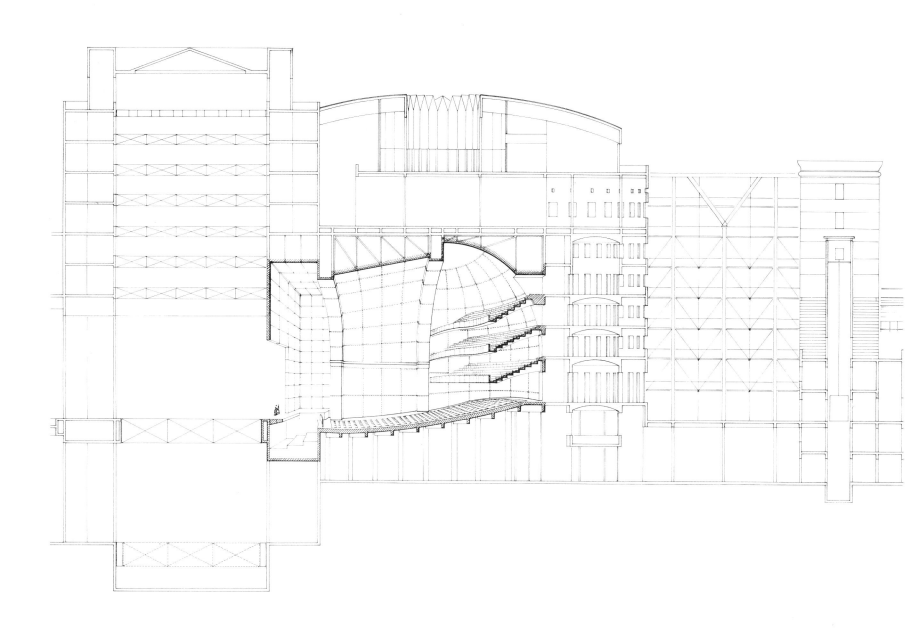

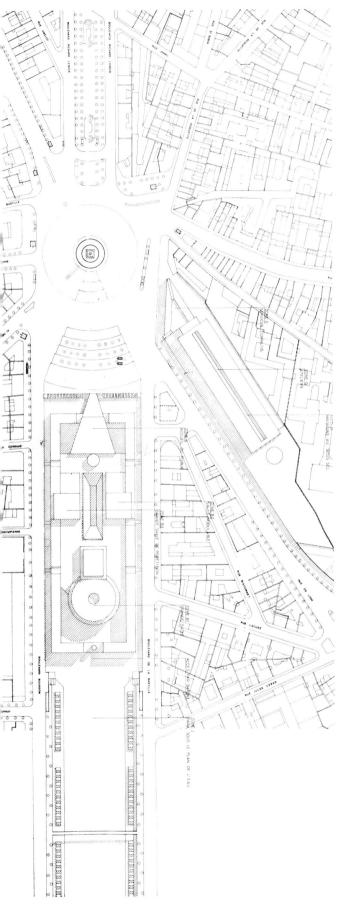

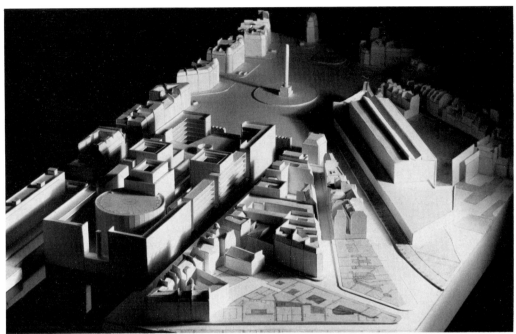

91

Piante, prospetti e sezioni *Plans, elevations and sections of the*
dell'edificio del teatro. *theatre building.*

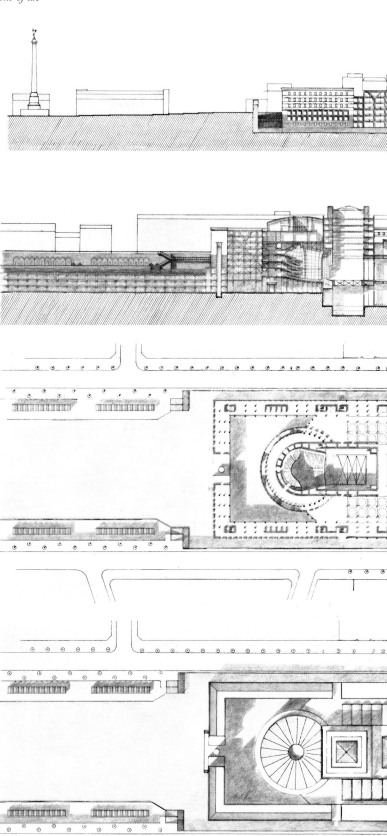

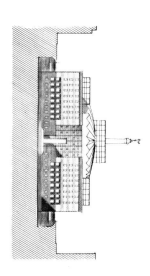

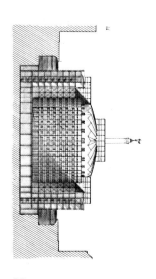

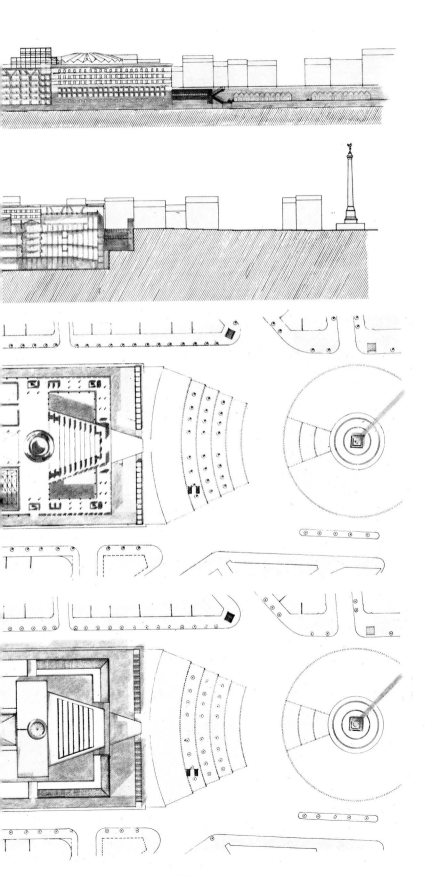

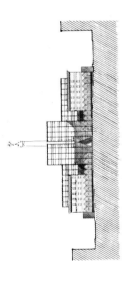

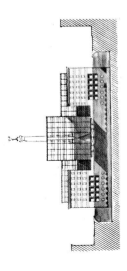

Stato attuale e planimetria di
progetto.

Present state and ground plan of the
design.

Il foro della cultura
Proposta per il Kemperplatz di Berlino

The forum of culture
Proposal for the Kemperplatz, Berlin

Oswald Mathias
Ungers
on/with
M. Dudler,
R. Valubuona

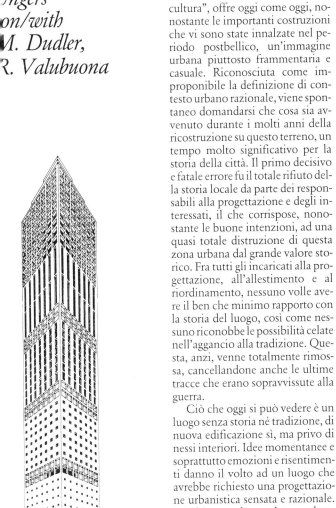

L'area del Kemperplatz di Berlino, cui è stata data la pretenziosa denominazione di "forum della cultura", offre oggi come oggi, nonostante le importanti costruzioni che vi sono state innalzate nel periodo postbellico, un'immagine urbana piuttosto frammentaria e casuale. Riconosciuta come improponibile la definizione di contesto urbano razionale, viene spontaneo domandarsi che cosa sia avvenuto durante i molti anni della ricostruzione su questo terreno, un tempo molto significativo per la storia della città. Il primo decisivo e fatale errore fu il totale rifiuto della storia locale da parte dei responsabili alla progettazione e degli interessati, il che corrispose, nonostante le buone intenzioni, ad una quasi totale distruzione di questa zona urbana dal grande valore storico. Fra tutti gli incaricati alla progettazione, all'allestimento e al riordinamento, nessuno volle avere il ben che minimo rapporto con la storia del luogo, così come nessuno riconobbe le possibilità celate nell'aggancio alla tradizione. Questa, anzi, venne totalmente rimossa, cancellandone anche le ultime tracce che erano sopravvissute alla guerra.

Ciò che oggi si può vedere è un luogo senza storia né tradizione, di nuova edificazione sì, ma privo di nessi interiori. Idee momentanee e soprattutto emozioni e risentimenti danno il volto ad un luogo che avrebbe richiesto una progettazione urbanistica sensata e razionale.

Chi non volesse valutare soltanto negativamente questo frutto delle più disparate tendenze, bensì vederlo come immagine di un positivo processo creativo, potrebbe nel migliore dei casi parlare di un campo urbano dialettico, una "cultura sperimentale di cultura" nella quale tesi e antitesi si fronteggiano completamente. Si potrebbe persino dire, a rischio di sembrare presuntuosi, che qui sul Kemperplatz, sul cosiddetto foro della cultura ai margini del Tiergarten, sia nato un luogo in cui edificio e edificio, casa e casa, tesi e tesi, oggetto e oggetto, stanno lì uno a fianco all'altro, semplicemente come una pietra può stare accanto a un'altra, pluralisticamente privi di rapporto reciproco, svuotati di significato, compatibilmente con la scena che li ha prodotti.

Non si tratta che di un raggruppamento di giganti, un "varietà" dell'architettura, una mostra di talenti del XX secolo. Tale sembra essere non solo il contenuto ideale, ma anche l'apparenza di questa strana zona, circostante quello che una volta era stato pensato, progettato e voluto come il "nastro culturale" lungo la Sprea.

Che cosa resta da fare ora, davanti al fatto compiuto? Resta la necessità di completare e di rendere visibili, per quanto possibile, all'interno di una relativa confusione spaziale, alcuni elementi di ordine. Al disordine di forme, spazi e corpi murari si può andare incontro solo con il riserbo, la chiarezza e la semplicità delle forme e delle costruzioni. Dato che gli edifici di grandi dimensioni sono già stati costruiti, e perciò l'atto principale è già terminato, ora si tratta solo di eseguire l'epilogo. Si tratta dello sfondo, e perciò di catturare, dove è possibile, e anche solo frammentariamente, spazi urbani, e di renderli visibili come frammenti, già andati perduti, all'interno di un'architettura fine a se stessa. Si tratta di allestire spazi urbani, come piazze e strade, con delimitazioni e contorni chiari e inequivocabili. Il Kemperplatz non può continuare ad essere un concetto letterario, la definizione di un luogo che nella realtà non esiste se non nella definizione topografica, e che quindi non si mostra realmente al visitatore. Una piazza deve essere un luogo fisicamente vivibile, e pertanto necessita di pareti che la delimitino in modo sicuro, e di contorni evidenti che ne aumentino il grado di esperibilità, concludendone lo spazio. Questa è anche la caratteristica che distingue la piazza urbana dallo "spiazzo" di paese. La piazza è

The civic area of the Kemperplatz in Berlin, to which the pretentious name "forum of Culture" has been given, today presents, in spite of major constructions that have gone up since the war, a fairly fragmentary and haphazard urban image. With the recognition that definition of an urban setting endowed with rational meaning is not feasible, it becomes natural to ask what happened during the many years of post-war reconstruction on this site, once so redolent of the city's history. The first decisive and fatal error was a total denial of local history on the part of those responsible for planning and other interested parties, which was tantamount, despite their good intentions, to an almost total destruction of this urban zone of great historical value. Among those involved in the planning and reorganization, no-one wanted to have anything to do with the history of the place, nor did anyone recognize the possibilities concealed in a link with tradition. On the contrary, this was totally eliminated, by getting rid of the last few traces that had survived the war.

What one sees today is a place without history or tradition, with new buildings but devoid of internal ties. Ideas of the moment and above all emotions and grudges shape the appearance of a place that needed judicious and rational town-planning.

Anyone who does not want to make a solely negative evaluation of this fruit of the most disparate tendencies, but prefers to see in it a positive creative process, could speak in the best of cases of an urban dialectical battleground, an "experimental culture of culture" in which thesis and antithesis face each other complementarily. One could even say, at the risk of appearing presumptuous, that here in Kemperplatz, in the so-called "forum of culture" on the fringes of the Tiergarten, a place has been created where building and building, house and house, thesis and thesis, object and object, stand side by side, just like a stone can lie next to another, without any mutual relationship and emptied of meaning, in line with the scene that has produced them.

What we have here is a group of giants, a "variety show" of architecture, an exhibition of 20th-century talents. This seems to be not only the ideal content, but also the appearance of this strange zone, surrounding what had once been seen, designed and intended as a "cultural belt" along the Spree.

What is left to be done now, faced with the fait accompli? There remains the need to complete and make visible, as far as is possible, some elements of order within a relative confusion of space. The disorder of forms, spaces and masses of masonry can only be dealt with restraint, clarity and simplicity of forms and constructions. Given that the buildings on a large scale have already been constructed, and hence the main action is already over, all that is left is to perform the epilogue. This means the back-drop and therefore capturing urban spaces, wherever possible and even only in bits and pieces, making them visible as fragments, already lost, within an architecture that is an end in itself. In other words to give urban spaces, like squares and streets, clear and unmistakable limits and borders. The Kemperplatz cannot go on being a literary concept, the definition of a place that in reality does not exist except as a topographical description, and therefore does not really show itself to the visitor. A square should be a physically livable space and consequently needs walls that delimit it in a sure manner and obvious outlines that increase the extent to which it can be experienced as a useful space by enclosing it. This is also the characteristic which distinguishes an urban square from the "open ground" of a village. The square is clear, limited, legible, evident and severe in its geometry,

chiara, delimitata, leggibile, evidente, severa nella geometria, mentre lo spiazzo, che ha contorni fluidi, non è che un ampliamento spaziale, e perciò indefinibile. Qui però, nel centro di Berlino, l'esigenza non è quella di uno spiazzo, di un idillio della casualità, bensì della severità ordinante e urbanisticamente motivata di una piazza centrale, delimitata da muri e consona ad un'atmosfera cittadina, non periferica o paesana.

Soltanto uno spazio urbano univocamente definito conferisce alle disparate architetture circostanti i caratteri di un contesto spaziale sensato. Per questo motivo, la geometria della piazza è riferita alla Nationalgalerie e non alle forme confuse e difficilmente completabili degli altri edifici. La piazza della chiesa di San Matteo deve divenire il centro e, dal punto di vista del significato urbanistico, il reale punto fisso e cardine dell'intero foro della cultura, come un'ancora gettata per placare la confusione delle masse e dei volumi che vanno alla deriva nello spazio circostante.

Accanto ai molti edifici già esistenti, progettati o in fase di costruzione, per completare il catalogo edilizio mancava soltanto l'erezione di una torre: una forma immancabile in un insieme complesso, soprattutto perché come punto panoramico può offrire all'osservatore la possibilità di guardare e vivere l'immagine urbana da una prospettiva a volo d'uccello.

Si dovrà ammettere che, dall'alto, l'immagine eterogenea del foro della cultura sul Kemperplatz risulterà più facilmente comprensibile che non dalla prospettiva del pedone, e che molte cose incomprensibili dall'angolo visivo del pedone si condensano, nella visione aerea, in un contesto razionale. Avendo rinunciato alle facciate storiche delle case e delle piazze, l'esperienza può di conseguenza venire ora arricchita dalla vista delle facciate dei tetti e delle superfici orizzontali degli edifici. Del resto, un foro senza una torre sarebbe come una casa

senza tetto. Il foro della cultura sul Kemperplatz necessita, come completamento, di un simile edificio, un "campanile", un segno percepibile anche da lontano.

Accanto alla torre e alla piazza, vengono inseriti nella situazione del foro della cultura due ulteriori elementi urbanistici mancanti. Si tratta della strada e del parco. L'uso, coltivato fino ad oggi, di trasferire ideologie paesaggistiche in un ambiente urbano, aveva tolto spazio a questo tipo di elemento. È accettabile l'ipotesi che esso sia stato negato per motivi ideologici, perché nell'analogia con il paesaggio la strada si riduce ad un nastro stradale, ed il parco ad un'area verde libera. Seppure la Potsdamer Strasse, un boulevard di storica importanza, non potrà essere ricreata, dato che la costruzione della Staatsbibliothek le ha sbarrato la strada, parallelamente ad essa si dovrà tuttavia mettere in evidenza un bordo stradale che risvegli, anche se solo come frammento, il ricordo dell'antica coscienza urbana.

Il completamento del tessuto stradale è costituito dal parco cittadino retrostante. Il collegamento fra parco e funzione abitativa non è stato pensato solo formalmente, bensì visto soprattutto nella sua accezione contenutistica.

Restano infine da menzionare i due territori marginali ad est e ad ovest del foro della cultura. L'uno è il territorio già occupato dalla stazione di Potsdam; l'altro è il cosiddetto "Bendlerblock". Volendo costruire su queste due aree, come suggeriscono varie considerazioni, bisognerebbe senz'altro prevedere qui la costruzione di abitazioni, per rivitalizzare almeno ai margini del foro della cultura il quartiere cittadino, altrimenti tanto inanimato. Dal punto di vista urbanistico, i due territori sono due grandi campi aperti, sui quali l'argomento "abitare" può essere tematizzato in due diverse forme prototipiche. Il primo territorio, già sede dell'Anhalter Bahnhof, rappresenta dal punto di vista tipologico la rivita-

lizzazione di una forma abitativa tipica non solo di Berlino. Essa ebbe origine in Inghilterra con il concetto della città-giardino, e si impose velocemente anche sul continente come alternativa a misura d'uomo rispetto alle condizioni di vita disumanizzanti della grande città. Questa idea trovò a Berlino varie convincenti applicazioni, prima nel Westend, poi a Lichterfelde ed infine a Zehlendorf.

Si potrebbe definire questo concetto con il generico slogan dell'abitare nel verde, della villa cittadina o del giardino urbano, una forma abitativa tipica anche di Berlino, che andrebbe messa in relazione con il concetto di foro, e con esso sviluppata.

L'altra forma abitativa è legata originariamente a Berlino, in quanto essa trovò una realizzazione ancor oggi esauriente nelle proposte per case a schiera a Berlino-Haselsort così come nelle molte altre forme abitative tipiche degli anni venti.

Questo è anche il modello abitativo che ispirò a Hilbersheimer la sua proposta per un estremo rivoluzionamento urbano di Berlino. Il tema delle case a schiera è stato sviluppato, proprio a Berlino, in molte variazioni, e se si parla di un foro, esso significa anche un'unificazione di ciò che è migliore e più bello in un unico luogo. In tal caso però, pare che anche il modello abitativo della casa a schiera, nella sua forma severa e conseguente, ne faccia parte.

Tutte queste cose assieme, gli edifici esistenti, quelli in costruzione, quelli già progettati e quelli appena proposti, il Kemperplatz, la piazza della chiesa di San Matteo con la Stadthalle di forma angolare, la strada che ha sostituito la Potsdamer Strasse con la costruzione dei due margini stradali e i due angoli, i parchi e la torre che si erge su di una piattaforma come anche la Staatsgalerie, la città-giardino a est e la lineare "città a schiera" a ovest, comprendente il Bendlerblock, i resti e i frammenti, l'Espla-

nade, la meravigliosa chiesa d[i] Stuehler, unico edificio sopravvi[s]suto alla tabula rasa, la Staatsgalerie, la troppo aggraziata sede del[la] Deutsche Forschungsgesellschaf[t] novella "Atene sulla Sprea", i tro[p]po grandi musei dei beni cultura[li] prussiani, ma anche la montagna [di] libri della Staatsbibliothek e i "gia[r]dini musicali" della già leggendar[ia] Filarmonica: tutto ciò radunato i[n] una piazza; i contrasti, le contrad[di]zioni, le discontinuità: soltanto tutto questo può toccare la prete[n]ziosa denominazione di foro del[la] cultura. Essa può definire soltant[o] un luogo, un giardino, nel qual[e] tutte le culture architettoniche, an[che] che contrastanti, abbiano la lor[o] sede. Che altro potrebbe significa[re] re il termine? Senz'altro non l'un[i]formità, l'orribile idea di voler fon[der]dere tutto in un'unica colata. L[a] città, e specialmente il suo forum, vive, contrariamente al paese, d[i] contraddizione e non di unità. Perciò, se si tratta di dover costruire i[n] questo punto del Landwehrkana[l,] nel centro occidentale di Berlino ciò che è andato perduto in altr[o] luogo con l'isola dei musei, allor[a] non deve entrare in gioco lo spirit[o] paesano, il provincialismo del[l'adattato; devono invece esser[e] l'urbanesimo, la varietà delle con[traddizioni, la diversificazione dia[lettica, a dare un volto a questo luo[go. Se non si sfrutta questa chance si dovrà un giorno riconoscere d[i] aver perduto – per la seconda volt[a] – l'occasione di progettare una cit[tà, non un paese. I risentiment[i] non sarebbero serviti a nulla. Il ri[spetto della storia del luogo, qui as[sente per tanto tempo, impone or[a] una rottura con la concezione uni[taria e con le esposizioni di oggett[i] e forme limitanti e unilaterali.

Il luogo deve liberarsi dalle pro[prie costrizioni, divenute quasi in[sopportabili, e lasciare il posto a qualcosa d'altro, di opposto, qual[cosa che esca dalla norma. Ciò non comporta un minore rispetto degli oggetti già esistenti, anzi: proprio in questo contrasto sta il vero e pro[prio rispetto di ciò che esiste.

while the open piece of ground, with its fluid borders, is nothing but a broadening of space and therefore cannot be clearly defined. But here, in the centre of Berlin, the need is not for open ground, an idyll of fortuitousness, but for the orderly and planned severity of a central square, delimited by walls and appropriate to an urban, and not suburban or rural atmosphere.

Only an unambiguously defined urban space confers the character of a sensible spatial setting on the disparate architecture surrounding it. For this reason, the geometry of the square relates to that of the National Gallery and not to the confused and hard-to-complete forms of the other buildings. The piazza of the church of St. Matthew has to become the centre and, from the point of view of urban significance, the real fixed point and pivot of the entire forum of culture, like an anchor dropped to allay the confusion of masses and volumes that drift around the surrounding space.

Along side the many buildings already standing, planned or under construction, the only thing missing in order to complete the catalogue of architecture is the erection of a tower: an essential form in any complex group, above all as a panoramic point from which the observer can look at and experience the urban image from a bird's eye view.

It must be admitted that, from above, the heterogeneous appearance of the Kemperplatz forum of culture is easier to grasp than from the perspective of the pedestrian, and that many things which remain incomprehensible from the latter's visual angle fall into rational place from an aerial view. Having renounced the historic facades of houses and squares, experience can consequently be enriched by the view of roofs and the horizontal surfaces of buildings. Besides, a forum without a tower would be like a house

without a roof. The forum of culture in Kemperplatz requires such a building to finish it off, a "campanile," a landmark clearly visible from afar.

Along with the tower and piazza, two further missing urban elements will be inserted into the forum of culture. These are the street and the park. The custom, cultivated to the present day, of transferring ideas of landscaping into an urban environment, has left no room for these kinds of element. One may accept the hypothesis that they have been rejected for ideological reasons, since by analogy with the landscape the street is reduced to a "strip of road" and the park to an open space of grass. And yet Potsdamer Strasse, a boulevard of historical importance, cannot be recreated, given that the construction of the Staatsbibliothek has blocked the street; it will be necessary to bring out a road edge in parallel to it, re-awakening, if only as a fragment, the memory of the old urban consciousness.

The network of roads is completed by the civic park at the rear. The connection between park and residential function has not been handled in a solely formal manner, but seen above all in terms of its content.

Still to be mentioned are the two marginal territories to the east and west of the forum of culture. One is the area formerly occupied by the station of Potsdam; the other is the so-called "Bendlerblock." If one intends to build on these two territories, as various factors would suggest, the construction of housing would have to be envisaged, in order to revitalize at least on the margins of the forum of culture an urban district that would otherwise be very lifeless. From the point of view of town-planning, the two territories are two large open fields, on which the theme of "habitation" can be divided into two different prototypical forms. The first zone, formerly the site of the Anhaltbahnhof,

represents from the typological viewpoint the resurrection of a residential scheme typical not just of Berlin. It originated in England with the concept of the garden-city and quickly spread over the continent too as an alternative on a human scale to the dehumanized living conditions in big cities. In Berlin this idea was effectively applied in various places, first in the Westend, then in Lichterfelde and finally in Zehlendorf.

This concept could be defined by the generic slogan of living amidst the green, the city villa or the urban garden, a typical form of housing in Berlin as well which ought to be linked with the concept of forum, and developed along with it.

The origin of the other form of housing has links with Berlin, in that it was applied in a manner that is still convincing today in the terraced housing scheme in Berlin-Haselsort as in many other typical housing patterns of the twenties.

This is also the residential model that inspired Hilbersheimer in his proposal for an extremely revolutionary urban redevelopment of Berlin. The pattern of terraced buildings has been developed in many variations in Berlin, and if one is speaking of a forum, this also means the unification of all that is best and finest in a single place. In this case however, it seems that even the residential model of terraced housing, in its severe and logical form, plays a part.

All these things together, the existing buildings, those under construction, the ones already planned and those only just proposed, the Kemperplatz, the piazza of the church of St. Matthew with the civic hall of angular shape, the road that has replaced Potsdamer Strasse with the construction of two road edges and two corners, the parks and the tower that stands on a platform as does the Staatsgalerie, the garden-city to the east and the linear "terraced

city" to the west, including the Bendlerblock, the remains and fragments, the Esplanade, Stuehler's wonderful church, the only building which has survived the tabula rasa, the Staatsgalerie, the overly prettified seat of the Deutsche Forschungsgesellschaft (German scientific society), a new "Athens on the Spree," the oversized museums of the Prussian cultural estate, as well as the mountain of books in the Staatsbibliothek and the "musical gardens" of the once legendary Philharmonie: all this gathered in one square; the contrasts, contradictions and discontinuities: it is only to all this that the pretentious name of forum of culture can refer. It can only describe a place, a garden, in which all architectural cultures, even contrasting ones, find their home. What else could the term forum of culture mean? Certainly not uniformity, the horrible idea of blending everything into a single mould. The city, and especially its forum, lives, unlike the country, on contradictions and not on unity. Hence, if one has to rebuild at this point of the Landwehrkanal, in the western centre of Berlin, what has been lost elsewhere with the Island of Museums, then it is not the rural spirit, the provincialism of the modified, that should be applied; it is the urban character, the variety of contradictions, dialectical diversification that should determine the appearance of this place. If this opportunity is not grasped, we will one day have to acknowledge having lost – for the second time – the chance to plan a city, not a village. The grudges would have come to nothing.

The place must free itself from its own constrictions, which have become almost unbearable, and make room for something else, something opposite, something that breaks the rules. This does not involve less respect for the objects already in existence: on the contrary, it is in this very contrast that lies genuine respect for what exists.

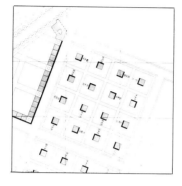

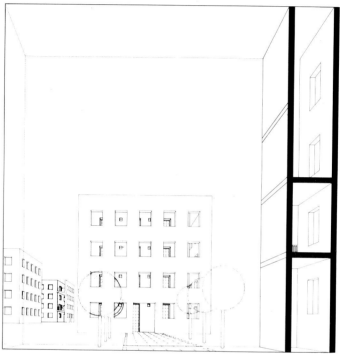

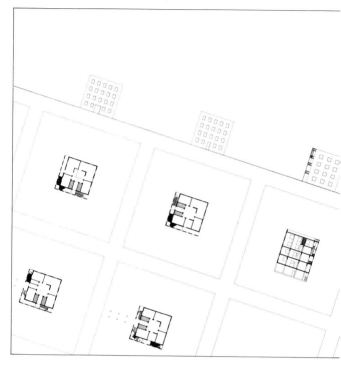

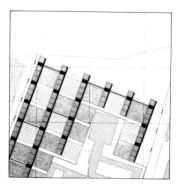

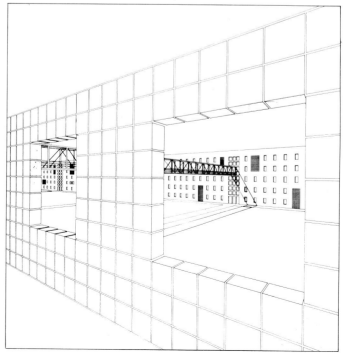

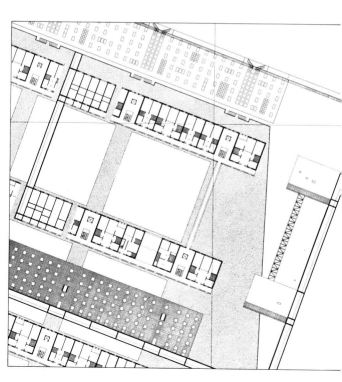

Planimetrie, vedute e piante dei diversi settori del progetto.

Site plans, views and plans of different zones of the project

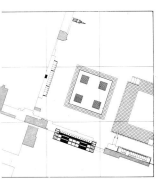

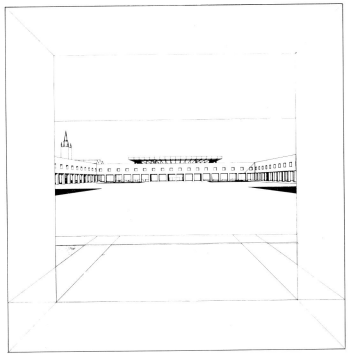

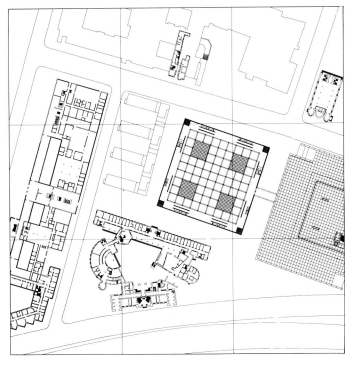

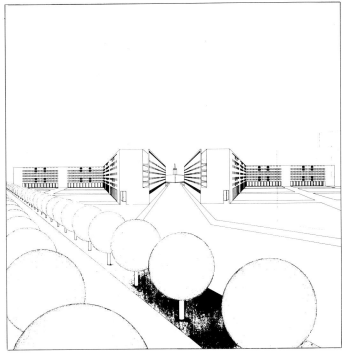

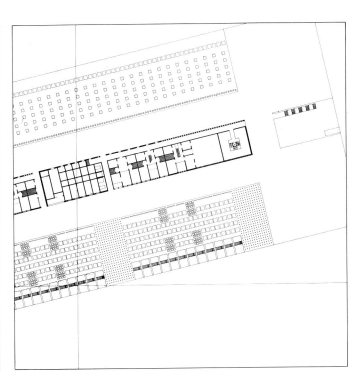

La grande modanatura
Progetto per il centro civico di Castelforte, Latina

Tre great moulding
Project for the civic centre at Castelforte, Latina

Franco Purini,
Laura Thermes
con/with
D. Modigliani

Il luogo

Castelforte è un piccolo centro del sud pontino, estrema propaggine meridionale del Lazio, posto all'intersezione dell'asse Roma/Napoli, parallelo alla costa, con una penetrazione ortogonale verso l'interno in direzione del Cassinate. A causa di questa collocazione geografica Castelforte ha risentito nel corso della sua storia sia della influenza diretta della cultura delle pianure laziale e campana sia di quella collinare e montana della Ciociaria.

L'insediamento, collocato su di un'altura, risulta dalla combinazione dei due schemi tipici di questi centri, quello a spirale e quello lineare, a loro volta funzioni della morfologia del sito. Alla parte più antica, caratterizzata da un andamento "a chiocciola", imperniato sulle mura e sul sistema emergente castello/chiesa si è aggiunta in epoca più recente, una propaggine impostata lungo il crinale, collegante il centro alla pianura, in direzione di Minturno.

Se la qualità dell'impianto urbanistico è notevole, il materiale edilizio, al contrario, non presenta pregi particolari né ha espresso episodi eccezionali: l'unico dato tipologico di un certo interesse risiede nella struttura gradonata di alcune case a schiera, le quali, sfruttando la pendenza del terreno, guadagnano nello spessore della costruzione un vano abitabile la cui copertura costituisce un settore della sede stradale. Il carattere ambientale del centro è assicurato dalla ricorrenza costante di un materiale di costruzione, una pietra locale bianca, con la quale sono state edificate, oltre le case, le mura, il castello medioevale e la nuova chiesa, ricostruita sul sito di quella antica dopo l'ultima guerra.

La durezza di questa pietra, che non permette agevolmente opere di intaglio, ma solo lisce stesure murarie ha conferito a questa piccola città un aspetto nitido e severo, quasi una proiezione o un'eco degli scabri monti retrostanti.

Il problema

Gli uffici del Comune di Castelforte sono ospitati attualmente in un edificio medioevale, ristrutturato negli anni venti con un'operazione di inglobamento delle antiche murature in un involucro non privo di una sua dignità formale. Una piccola torre merlata incastona l'orologio e sovrasta l'edificio la cui provinciale correttezza volumetrica e figurativa è stata messa in crisi recentemente dall'aggiunta di una sopraelevazione e di una superfetazione che ha permesso di guadagnare una stanza ogni piano. Questo edificio insiste sull'originario perimetro delle mura, delle quali dopo le distruzioni dell'ultimo conflitto mondiale rimangono in piedi pochi tratti. A fianco del municipio si stende attualmente uno slargo irregolare, risultante dalle distruzioni suaccennate, di forma vagamente triangolare, il cui lato verso valle si inflette secondo l'andamento avvolgente delle curve di livello. Questo slargo è in parte sostenuto da una serie di pilastri che determinano, alla quota della strada inferiore, un porticato che, tamponato, ospiterà il nuovo ufficio postale di Castelforte.

Il tema del progetto consisteva nell'ampliamento del municipio conseguente all'adeguamento dell'organico degli impiegati comunali. L'ampliamento richiesto era considerevole, poiché, in base alle nuove normative, occorreva predisporre una cubatura doppia rispetto a quella attuale salvaguardando però lo spazio della piazza, luogo di un affollato mercato settimanale costituente, com'è tradizione nella vita di questi centri, un momento fortemente aggregante per la cittadinanza.

Un altro dato del problema risiedeva nella volontà di ampliare il municipio nella stessa area, rinunciando alla possibilità, apparentemente più ragionevole specialmente dal punto di vista funzionale, di "rifondare" il luogo rappresentativo e amministrativo di Castelforte in qualche area di pianura libera da

The place

Castelforte is a small centre in the south of the Pontine region, the southernmost spur of Lazio, set at the intersection of the highway from Rome to Naples and parallel with the coast, though it extends at right angles towards the interior, in the direction of Cassino. Because of this geographical situation Castelforte has been affected over the course of its history both by the direct influence of the culture of the plains of Lazio and Campania and by that of the hilly and mountainous region of Ciociaria. The settlement, located on a rise, is formed out of the combination of two patterns typical of these towns, one in the shape of a spiral and the other linear, deriving in their turn from the topography of the site. To the oldest part, characterized by a winding layout that pivots around the walls and the towering complex of castle and church, has been added, in a more recent period, an offshoot laid out along the ridge and linking the centre with the plain, in the direction of Minturno.

If the layout of the town is of considerable quality, the fabric of the buildings, on the contrary, is of no particular merit and presents no exceptional features: the sole typological feature of any interest lies in the stepped structure of certain terraced houses which, by taking advantage of the slope of the ground, gain an extra living section of the road-bed. The ambient character of the town is provided by the recurrence of one building material, a local white stone which has been used not only in the construction of the houses, but for the walls, the medieval castle and the new church, rebuilt on the site of the old one after the last war. The hardness of this stone, with its unsuitability for carving, has resulted in smooth expanses of wall which confer a distinct and severe appearance on this small town, making it seem like an echo or a projection of the bleak mountains in the background.

The problem

The offices of the commune of Castelforte are at present housed in a mediaeval building, which was subjected to alterations in the twenties that involved incorporation of the old masonry in an envelope that is not without a formal dignity of his own. A small battlemented tower holds the clock and overlooks the building whose provincial correctness of proportion and shape has recently been compromized by the addition of an extra storey and section which has permitted the creation of one more room on each floor. This building sticks to the original perimeter of the city walls, of which only a few sections are still standing after the destruction of the last world war. Alongside the town hall is at present laid out an irregular open space, resulting from the aforementioned destruction, of a vaguely triangular shape; on the side facing the valley it curves in accordance with the winding of contour lines. This space is in part supported by a series of pillars that form, on the level of the lower road, an arcade that will be bricked up and used to house the new post office of Castelforte.

The theme of the project consisted in an enlargement of the town hall following on adjustments in municipal staffing. The enlargement required was a considerable one as, in accordance with new regulations, it was necessary to provide double the volume with respect to the present situation while preserving the space of the square, the site of a crowded weekly market that, as is traditional in the life of such centres, constitutes a factor of great importance to the community.

Another factor in the problem lays in the intention to enlarge the town hall in the same area instead of taking the apparently more reasonable step, especially from a functional point of view, of shifting the administrative centre of Castelforte to a location in the

vincoli topografici ed edilizi. In questo senso allora il problema progettuale si è configurato come "un'espansione dall'interno", come "una crescita della città nella città".

Il progetto

Il problema è stato affrontato in due successive versioni. La prima confermava l'andamento avvolgente del preesistente perimetro murario, determinando un impianto "a collana" che ricostruiva la continuità del fronte urbano scomparso individuando nella grande trave/capriata scavalcante due case private un elemento dotato di una notevole rilevanza dimensionale e figurativa. Il limite di questa impostazione peraltro corretta sul piano funzionale, consisteva in qualche modo in una sorta di "tautologia urbana" la quale, proprio perché si risolveva in un consolidamento della "memoria presunta" della città, non riusciva ad interpretare con sufficiente forza gli elementi di contraddizione anche figurativa che l'apertura "alla pianura" di questi centri ha prodotto. Il limite di questa soluzione è comunque il limite di tutte quelle impostazioni del problema della progettazione urbana che ha interpretato il tema del "completamento" in termini che sfiorano il "mimetismo urbanistico" e che, all'interno di una scelta di "minimalismo linguistico" si risolvono in una "conferma attenuata" del carattere complessivo di una città.

Da queste considerazioni è scaturita l'idea che è alla base della seconda, definitiva versione. Il volume dell'ampliamento si configura come una vera e propria "addizione" del vecchio municipio, del quale assume la giacitura proiettandosi "in falso" sulla strada. La struttura del volume è raccolta da una serie di grandi travi poggianti su un muro/contrafforte in calcestruzzo rivestito in pietra locale. L'architettura di questa "sostruzione" richiama alla memoria l'analogo impianto della romana via Santi

Giovanni e Paolo, al Celio, contraddistinta dalla presenza di una teoria di archi che scavalcano la strada consentendo alla chiesa che la costeggia di scaricare il suo peso sul muro opposto. Il rapporto tra il nuovo volume e quello preesistente è assicurato dal nucleo dei collegamenti verticali. All'estremità del nuovo blocco degli uffici, il cui funzionamento è reso più agevole rispetto alla prima soluzione dalla migliore "compattezza" che consente notevoli economie distributive, una grande modanatura rivestita in pietra, una gola diritta sporgente di circa sette metri sulla verticale, che si proietta verso la pianura quasi a segnalare la nuova funzionalità territoriale della città, ospita la tribuna dell'aula consiliare, costruendo un'immagine del "colossale" in architettura, un'immagine "eroica", visibile da lontano come un gigantesco frammento dialogante con le contigue rovine dell'anfiteatro romano di Minturno, ma soprattutto con la plastica "antigeometrica" dei monti. Il volume è suddiviso a partire dal basso in due sezioni, corrispondenti alle due fasi di realizzazione, un nucleo basamentale, che ospiterà i servizi tecnologici (garage, nettezza urbana, polizia urbana, ecc.), e il blocco degli uffici aperti al pubblico, impostato alla quota della piazza. I due "strati" sono individuati e distinti dal sistema delle travi di sostruzione. A sua volta il blocco degli uffici aperti al pubblico, che ha una larghezza in asse di 13,50 m, corrispondenti a tre campate di m 4,50 ciascuna, è articolato in tre unità funzionali: la grande hall al piano terreno, due piani di uffici e infine gli ultimi due livelli destinati ad accogliere la sala del consiglio, le sale di riunione dei gruppi ausiliari, gli uffici degli assessori.

L'esterno del volume è intonacato; la neutralità di questo trattamento si inverte all'interno, le cui pareti sono rivestite da sottili lastre di pietra. La percezione dei rapporti dimensionali è alterata dall'inserzione di una fila di bucature in cor-

rispondenza dei solai. Se all'este no ciò provoca l'impressione di u volume più grande del vero, all'in terno questa soluzione determin un raddoppio della parete co struendo inoltre l'effetto di un scorrimento verticale della facciat esterna che esalta il suo caratter "portato", ma anche la sua funzio ne di guscio strutturale resistent quasi un "balloon frame" di ce mento. Sulla copertura una "picco la lottizzazione" di lucernari mol tiplica il colloquio a distanza tra i nuovo volume e la torre del castel lo adornata di merli.

L'immagine

Il carattere in qualche modo "eccessivo" dell'immagine finale del progetto, la sua relativa "disor ganicità", il suo comprendere vari e irriconoscibili registri scalari volu tamente non ricomposti sono deri vati dalla volontà di evidenziare ciò che si può definire come una vera e propria "difficoltà".

Se il pensiero "organico" è un pensiero nostalgico e quello consa pevolmente "disorganico" si pone sempre al di là, anche se di un pic colo tratto, della necessaria possi bilità di prevederlo e di prevederne soprattutto gli effetti, non rimane altro che lavorare all'interno di un procedimento di successive parzia lizzazioni lasciando che gli ele menti coinvolti nella composizio ne trovino in un certo senso "da so li" il loro ruolo, la loro posizione, la loro dimensione.

Se una delle forme di questa "difficoltà" è la difficile concilia zione tra Antico e Nuovo, vale a di re l'accordo mancato, l'interrotta solidarietà tra ciò che può essere ri cordato e ciò che non è ancora compiutamente esprimibile, se, in altre parole, le risorse progettuali sembrano disporsi secondo una contrapposizione tra "normalità" ed "emergenza" allora non è forse inutile far scontare dei frammenti banali con residui o "scorie" di un discorso elevato all'interno di un "luogo ideale" isolato, ma soprat tutto neutrale.

plain that would be free from topographical constraints and buildings. In this sense the problem of design took on the form of "an expansion from within," of "a growth of the city inside the city."

The project

Two successive approaches to the problem have been tried out. The first retained the winding layout of the existing boundary walls, resulting in a scheme in the form of a "necklace" that reconstructed the continuity of the vanished urban frontage by singling out, in the large beam truss bridging two private houses, an element of remarkable dimensional and figurative relevance. The drawback to this approach, however correct from the functional viewpoint, lay to some extent in a sort of "urban tautology" that, just because it resulted in a strengthening of the "presumed memory" of the city, was unable to interpret with sufficient force the elements of contradiction, in figurative terms as well, which have been produced by the opening up of these towns "to the plain." The limits of this approach are in any case the limits of all those approaches to the problem of town planning that interpret the theme of "completion" in terms that verge on "urbanistic camouflage" and that, on the basis of a choice of "linguistic minimalism," result in an "attenuated corroboration" of the overall character of a town.

These consideration gave rise to the idea that underpins the second and definitive version. The volume of the extension takes the shape of a true "addition" to the old town hall, from which it projects outwards "in simulation" over the street. The structure of the extension is supported by a series of large girders resting on a wall cum buttress built out of concrete and faced with local stone. The architecture of this "substruction" calls to mind the similar layout of the Roman via Santi Giovanni e Paolo,

in Celio, with its line of arches spanning the street and permitting the church alongside to transfer its weight onto the opposite wall. The relation between the new volume and the existing one is provided by the set of vertical connections. At the end of the new block of offices, whose functioning is made more efficient than in the first solution by its greater "compactness" which permits considerable economies of distributions, a large moulding faced with stone, a straight cyma projecting about seven meters vertically and extending towards the plain as if in symbolic reference to the new territorial functionality of the town, houses the gallery of the council, creating an image of the "colossal" in architecture, an "heroic" image, visible from afar as a gigantic fragment that holds a dialogue with the neighbouring ruins of the Roman amphitheatre in Minturno but above all with the plastic "antigeometry" of the mountains.

The volume is divided from the bottom up into two sections, corresponding to two different stages of construction: a basement nucleus that will house technical facilities (garage, refuse disposal, town police, etc.) and the block of offices open to the public, set on the level of the square. The two "layers" are singled out and differentiated from the system of girders of substruction. In its turn the block of offices open to the public, which has a width along the axis of 13.50 m, corresponding to three spans of roughly 4.50 m each, is divided into three functional units, the large hall on the ground floor, two stories of offices and finally the top two levels where the council chamber, the meeting hall for council groups and the councillors' offices will be situated.

The exterior of the volume is plastered; the neutrality of this treatment is reversed for the interior, whose walls are lined with thin slabs of stone. Perception of dimensional relationship is altered

by the insertion of a row of holes in line with the floors. If on the outside this creates the impression of a larger volume than actually exists, on the inside this solution results in a doubling of the wall and also creates the effect of a vertical flow of the outer facade which accentuates not only its "worn" appearance but also its function as a durable structural shell, almost a "balloon frame" of concrete. On the roof a "minor suddivision" of skylights augments the exchange at a distance between the new volume and the castle tower with its battlements.

The image

The to some extent "excessive" character of the project's final image, its relative "incoherence" and the way it comprises various recognizably different measures of scale that are deliberately not integrated derive from the desire to draw attention to something which might be called a genuine "difficulty." If "coherent" thought is nostalgic thought and consciously "incoherent" thought always goes beyond, although only by a little, the necessary possibilities of prediction and above all of prediction of its effects, there is no choice but to work within a process of successive shutters, leaving the elements involved in the composition to find their place in a way "on their own" to find their own role, position and dimension. If one form of this "difficulty" is the difficulty of reconciling Old e New, that is to say the lack of harmony, the break in solidarity between what can be remembered and what it is not yet possible to express in full, if in other words, the resources of design seem to be arranged according to a contrast between "normality" and "emergency," then perhaps it is not in vain to bring into conflict banal fragments with leftovers, or the "dross" of an argument put forward within an "ideal place" that is isolated but above all neutral.

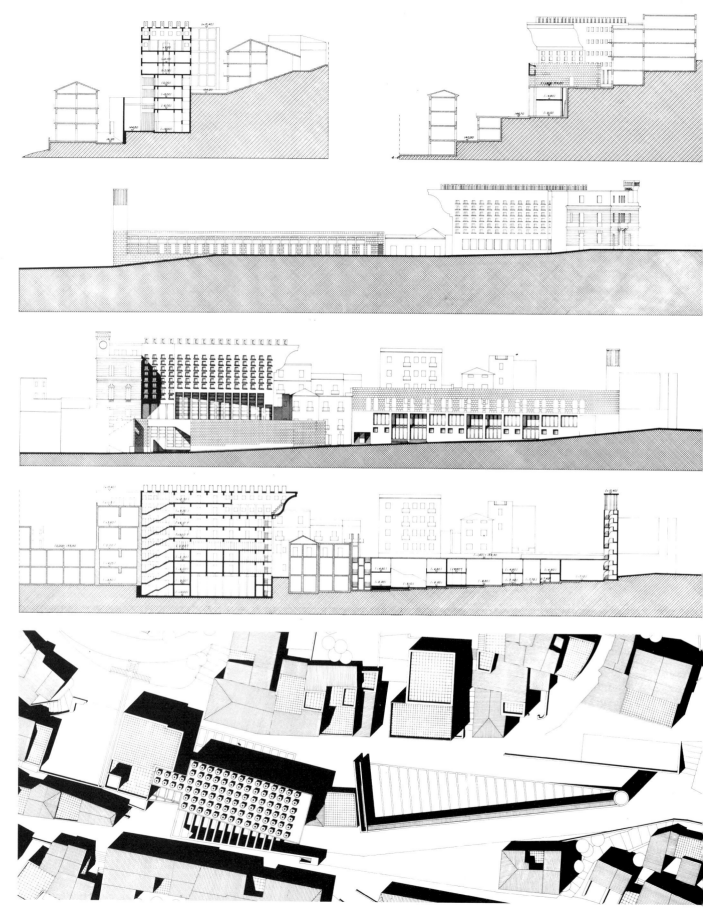

Sezioni, prospetti, pianta delle coperture e assonometria generale.

Section, elevations and plan of roofing and general axonometry.

104

accato assonometrico dell'edificio
incipale e piante ai diversi livelli.

xonometric section of main
ilding and plans of various levels.

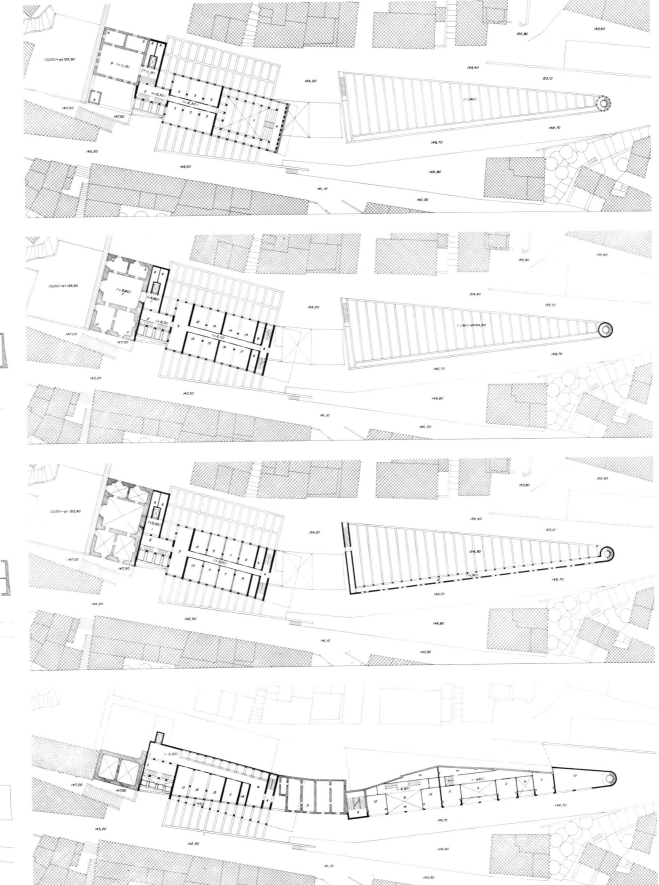

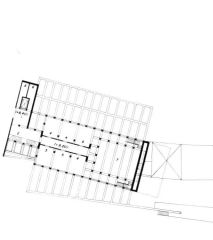

107

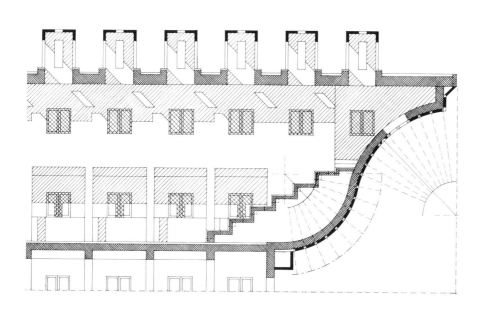

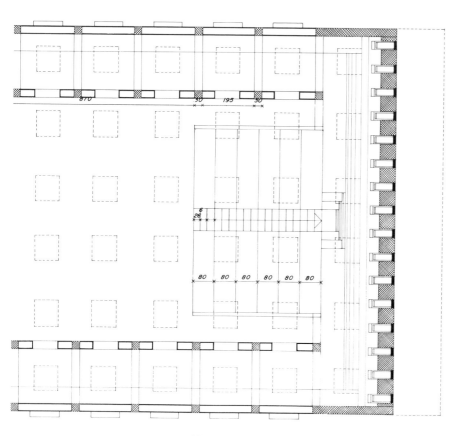

La memoria nella ricostruzione
Centro civico di Osoppo, Udine

Memory on reconstruction
Civic centre at Osoppo, Udine

Luciano Semerani, Gigetta Tamaro

L'ospedale per Venezia ed il municipio di Osoppo costituiscono veri e propri montaggi di figure autonome, la cui separatezza è sottolineata con operazione di traslazione (Venezia) o traslazione e rotazione (Osoppo). L'andamento dei rilievi collinari di Cattinara, gli scarti, le ripiegature della montagna, sono anch'essi oggetti architettonici che interagiscono nella disposizione del teatro, della biblioteca, delle edicole nel sistema di edifici universitari progettati tra il 1980 ed il 1982 sotto il nuovo ospedale. Il progetto per il cimitero di Pesaro è dello stesso periodo.

In tutti questi progetti vi è la pretesa di persuadere, l'esigenza retorica, costruita con il procedimento classico: convenzionamento dei "luoghi comuni" (tópoi), come supporto dell'*inventio* (trovar cosa dire) – *dispositio*, (dando un ordine a ciò che si è trovato) – *elocutio*, (esposizione ornata).

La necessità di rendere verosimile indizio sicuro il segno, è, nella ricostruzione del municipio, indispensabile. Qui si rimane "contro il destino avverso", qui l'architetto parla anche a nome degli altri, tutto un popolo di capomastri, muratori, scalpellini e scultori. Qui anche le donne vedono se una soglia, la cordonata di un marciapiede sono posati a regola d'arte.

Le citazioni sono esplicite. Gli uffici (l'istituzione nel suo momento tecnico-amministrativo): un padiglione (quasi i fienili impostati su quattro pilastri d'angolo e coperti a capanna); il consiglio (l'istituzione politico rappresentativa): un'aula carenata su portico a pianterreno; i due corpi del comune democratico, i due edifici, sono autonomi ma interconnessi: un ponte, poggiato su un volto e voltato a botte li collega.

La narrazione tiene conto di un contesto che noi stessi abbiamo inventato, l'angolazione degli assi viari sulla piazza comporta rotazione e traslazione che portano *in medias res* (ordo artificialis), non si raccontano le cose dall'inizio, ma si operano alternativamente sviluppi lineari e procedimenti a ritroso. Così mentre una facciata viene a mancare (quella su strada dell'aula basilicale), l'altra si stacca completamente dal volume abitato mostrandosi ad un tempo come manto esterno e foglio interno.

I bordi del luogo, gli assi di simmetria e le linee di base delle facciate si intersecano su punti notevoli segnati da pochi oggetti importanti: la Fontana, la Bandiera, la Soglia. Le cavità (i pilastri che diventano stanze negli uffici – il proscenio con il tavolo della giunta, nella sala che sarà anche usata per i balli e le feste) sono strutture canoniche.

Le cornici dei tetti, i partiti architettonici ricordano figure di un classicismo povero di ornamentazioni. Come i gessi del Canova queste fabbriche sono bianche in quanto ricordano idee di edifici civili, sopravvissuti per antiche ritualità. Qualche pietra, tuttavia, è vera pietra, la soglia, lo sfondato dei grandi finestroni, è un tufo di Osoppo, cavato dai macigni rotolati giù dal Forte, nello sfaldarsi della montagna sotto le scosse del sisma.

Qui l'insediamento stabile, rimanere, è una scelta, è, ancora, l'inizio di un rituale, che sarà rinnovato ancora e ancora all'insegna di un'*utilitas* che, come per gli scolastici, ha la funzione che lo Spirito Santo svolge nel mistero della Santissima Trinità.

The hospital for Venice and the town hall of Osoppo constitute genuine assemblies of autonomous figures, whose separateness is emphasized by operations of translation (Venice) or translation and rotation (Osoppo). The hilly topography of Cattinara, the gaps and folds of the mountain are themselves architectural objects that interact with the layout of the theatre, library and other buildings in the complex of university buildings designed between 1980 and 1982 beneath the new hospital. The project for the cemetery of Pesaro is from the same period.

In all these projects there is the pretence of persuasion, the requisite of rhetoric, put together according to the classical procedure: the agreement on "common places" (tópoi), as a support for the *inventio* (finding what to say), *dispositio* (giving order to what has been found) and *elocutio* (ornate exposition).

The need for verisimilitude, a sure token the sign, is indispensable in the reconstruction of the town hall. Here one remains "against adverse fate," here the architect speaks in the name of others, a whole throng of master builders, masons, stone-dressers and sculptors. Here even the women notice whether a threshold or the border of a pavement are laid in a professional manner.

The citations are explicit; the offices (the institution in its technical and administrative guise): a pavilion (looking like hay-lofts set on four corner pillars and with a sloping roof); the council (the political and representative institution): a hall careened on the ground-floor portico; the two blocks of the democratic commune, two buildings which are autonomous but interconnected: a bridge, resting on an arch and barrel-vaulted, links them.

The exposition takes into account a setting that we have invented ourselves, the angulation of the road axes onto the piazza involves rotations and traslations that bring *in medias res* (ordo artificialis), not telling things right from the start, but carrying out alternatively linear developments and backward turns. Thus while one facade is missing (the one facing the street of the basilical hall), the other is completely detached from the inhabited section, showing itself to be both outer mantle and inner layer.

The margins of the site, the axes of symmetry and the baselines of the facades intersect at prominent points marked by a few imposing objects: the Fountain, the Flag, the Threshold. The cavities (the pillars which become rooms in the offices – the proscenium with the council table, in the hall which will also be used for dances and celebrations) are canonical structures.

In the cornices of the roofs, the architectural solution recall figures from a classicism that is poor in ornamentation. Like Canova's plaster statues, these buildings are white in as much as they evoke ideas of domestic buildings that have survived through ancient ritual. Some stones, however, are real stone: the threshold and the recess of the huge windows are made from a tufa from Osoppo, quarried from the boulders rolled down from the Fort, in the cleavage of the mountain by seismic shocks.

Here permanent settlement, staying, is a choice, is again the beginning of a ritual; a ritual that will be renewed again and again under the banner of an *utilitas* which, as for the scholastics, has the same function as the Holy Spirit serves in the mistery of the Holy Trinity.

109

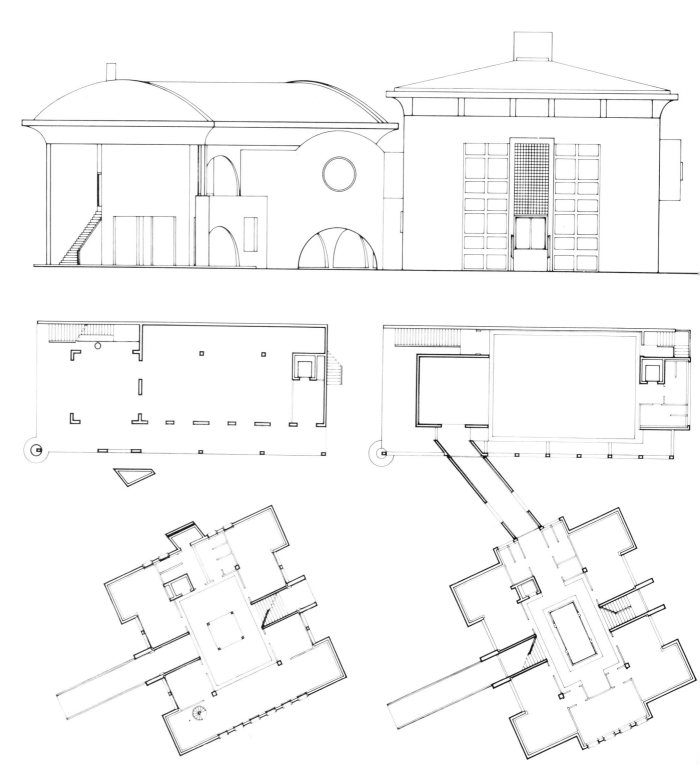

Vedute degli interni del corpo con uffici e della grande aula.

Views of interiors of block with offices and great hall.

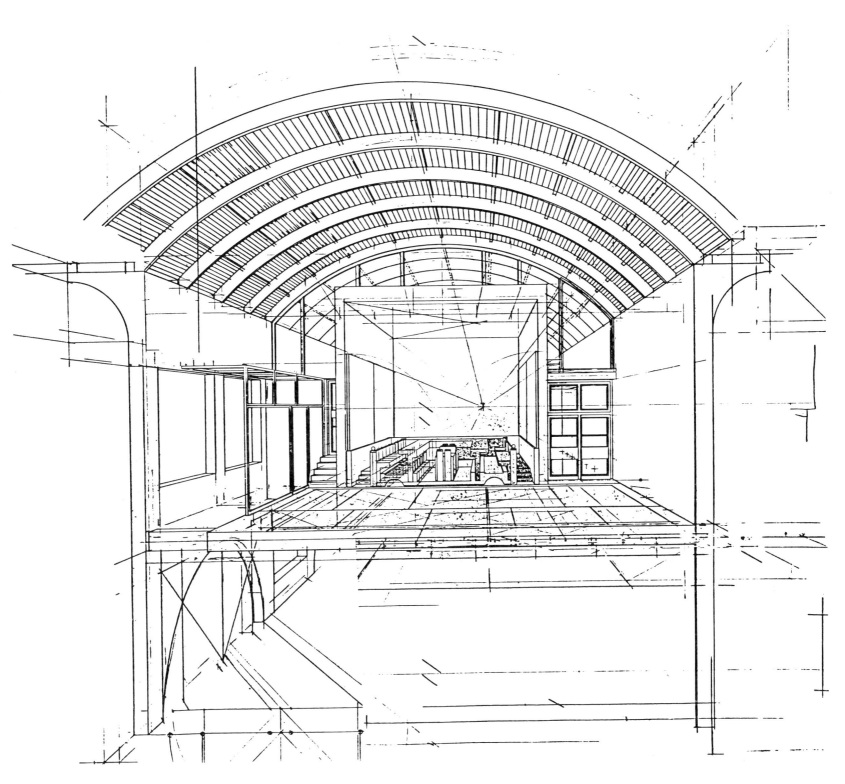

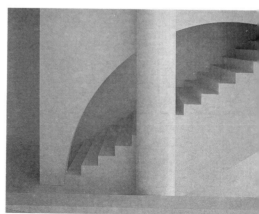

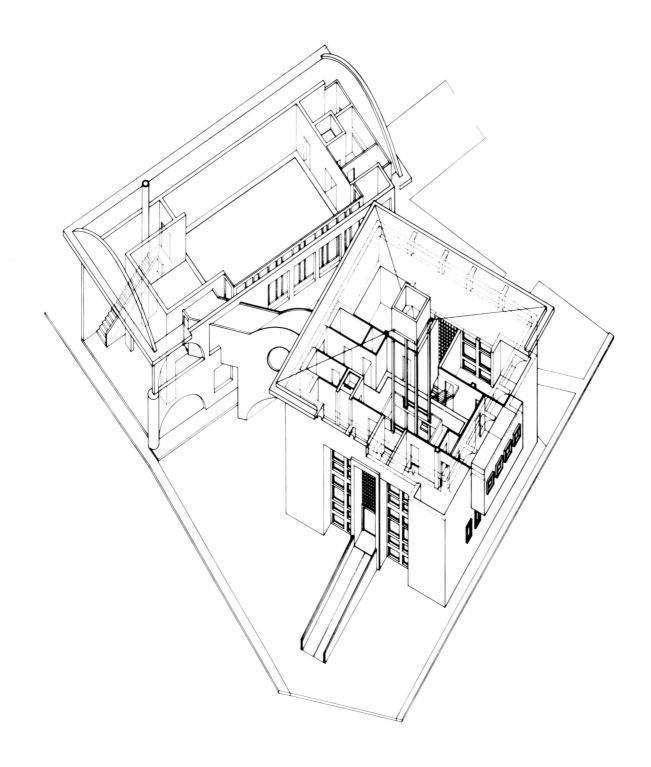

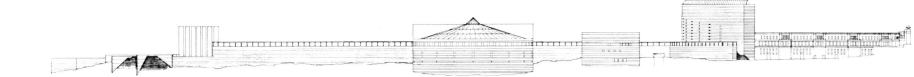

Profilo longitudinale, planimetria e
veduta del modello.

Longitudinal front, ground plan and
view of model.

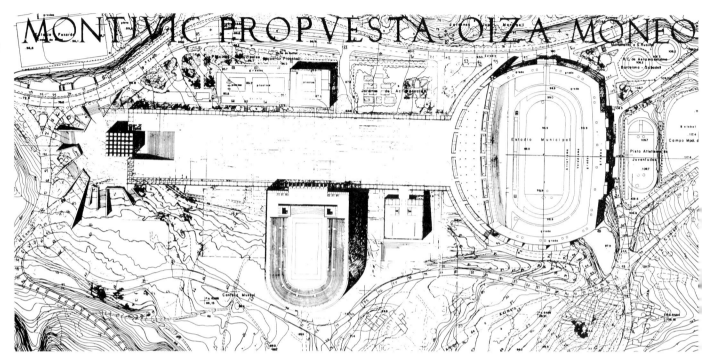

Il foro della cultura fisica
Proposta per il Montjuic a Barcellona

The forum of physical culture
Proposal for the Montjuic, Barcelona

Rafael Moneo,
Francisco Sáenz de
Oíza

La proposta Oisa-Moneo ha come punto di partenza il disegno di un nuovo tracciato dell'anello.

Essa si basa sull'asse esistente e lo potenzia fino a convertirlo in un autentico foro che, da un lato dà origine e supporto agli edifici, dall'altro comunica una sensazione di distanza di fronte al paesaggio. Innanzi al Mediterraneo l'atleta avrà l'impressione, che ci sembra adeguata alla competizione olimpica, di essere come i suoi predecessori greci.

Prendendo come base quota 96 m – ai piedi dello stadio – si livella il terreno creando una piattaforma di 100x500 m, sulla quale si innestano i seguenti edifici:

Lo stadio. Per questo elemento-chiave del complesso la nostra proposta si basa sulla demolizione della facciata ovest, quella oggi a nostro parere più confusa, e prevede al suo posto il completamento del cerchio che era latente nello stadio primitivo. Il risultato è una gradinata continua che ospiterà i 60.000 spettatori richiesti. L'ampliamento è prodotto mantenendo un buon orientamento e la posizione centrale dello stadio nel foro. Lo stadio assume così il ruolo di autentico protagonista sottolineato dai portici che formano una corona intorno ad esso. La nuova costruzione interferisce appena con quella precedente. La copertura si appoggia su una doppia parete nella quale sono situate le rampe tramite le quali si imboccano le passerelle che conducono alle gradinate attraverso un vero e proprio bosco di colonne. Sul coronamento le travi a sbalzo che sorreggono la copertura sono coadiuvate da una trave reticolare all'estremità, al cui interno verranno sistemate le installazioni complementari, sia di illuminazione, sia informative.

Palazzo dello sport. Dal foro si accede direttamente alle gradinate del palazzo, costruito approfittando del dislivello del terreno che la piattaforma, a sua volta, ha attenuato. Con un tracciato che ricorda modelli classici, il palazzo aspi-

ra a soddisfare la molteplicità di funzioni e significati che gli vengono assegnati dal programma; ne deriva la ragione del suo tracciato che permette l'installazione di una scena relativamente centrata, necessaria per un certo tipo di spettacoli, che l'edificio dovrà ospitare.

L'importanza dell'infrastruttura per un edificio come questo ci ha spinto a concentrare in un solo volume la sala da ginnastica, la pista da hockey e la sala polivalente, situandole sotto la pista del palazzo dello sport e dotandole di accesso indipendente e diretto; la sua accessibilità risulta quindi doppiamente garantita.

Centro di educazione fisica (e centro stampa): l'incontro di due volumi dalle caratteristiche così marcate ci ha spinto a scegliere la cornice tradizionale della figura cubica. Le grandi sale-ginnasio, scherma ecc. si collocano al livello delle piste scoperte. Il resto del programma si svolge a livelli distinti a partire dal piano del foro, salendo o scendendo, come si può vedere dalle sezioni. La proposta affronta il programma più difficile, quello del centro di educazione fisica, attività d'altra parte più durevole nel tempo. L'area consente la costruzione di piscine olimpiche se lo si riterrà necessario.

Propilei e monumento olimpico. Il foro termina in una scalinata; si accede quindi nuovamente ai terrapieni. Questa circostanza viene sfruttata architettonicamente collocando in questo accesso singolare, dal quale si gode una vista spettacolare, un monumento ai giochi olimpici: un fascio di pilastri concentra l'attenzione sull'accesso e dà origine a una serie di muri che si dispiegano sul terreno. Si perde così la orizzontalità del foro là dove la piattaforma si ancora a terra.

The starting point for the Oisa-Moneo proposal is the design of a new layout for the track. The project is based on the existing axis, which it expands so as to convert it into a genuine forum, on the one hand forming a foundation and support for the buildings, on the other conveying an impression of distance with respect to the landscape. Looking out over the Mediterranean, the athlete will have the feeling, which we find very suitable for the Olympic games, of being one with his Greek predecessors.

Taking as a base line the elevation of 96 m – at the foot of the stadium – the ground will be levelled to create a platform of 100 x 500 m, on which the following buildings will be located:

The stadium. For this key element in the complex our proposal suggests the demolition of the west facade – in our opinion, the most confused one at present – and replacing it by completing the circle, a latent possibility in the previous stadium. The result is an unbroken ring of tiers in which to seat the required 60,000 spectators. The enlargement will be carried out by combining an excellent orientation with the central position held by the stadium in the forum. In this way the stadium becomes a genuine protagonist and the porticoes draw attention to this fact, forming a ring around it. The new construction hardly interferes at all with the existing one. The roofing rests on a double wall in which are situated stairs from which one enters foot-bridges leading to the tiers of seats through a "forest" of columns. At the top the cantilevers that support the roofing are strengthened by a truss at the end, the interior of which will be used for the installation of complementary lighting and communication systems.

Sports hall. There is direct access from the forum to the steps of the hall, constructed by exploiting the difference in level of the ground which has been reduced by the

platform. With a layout that may bring classical models to mind, the hall aims to satisfy the multiplicity of functions and meanings assigned to it by the programme; this is why its layout would permit the installation of a relatively central stage, required for certain of the events that the building will be called upon to house from time to time. The importance of infrastructure in a building of this nature has led us to locate the gymnastic hall, hockey pitch and multi-purpose hall in a single area, placing them underneath the track of the sports hall and providing them with an independent and direct access from ground level; by this the building's accessibility is doubly ensured.

Physical education centre (and press centre). The meeting of two masses, each with its own strong character, has led us to choose the traditional frame of the cubic shape. The large halls for gymnastics and fencing, etc., are situated on the same level as the open-air tracks. The other requirements are fulfilled on different levels, rising and descending from the level of the forum, as can be seen from the sections. The proposal develops the most difficult programme, that of the centre for physical education, which on the other hand is the most long-lasting activity. The site will permit the installation of Olympic-standard swimming pools should this be necessary.

Propylaea and Olympic monument. The forum terminates in a flight of steps leading back to the embankments. This situation is exploited architecturally by setting up in this unusual entrance, from which there would be a spectacular view, a monument to the Olympic games: an array of pillars concentrates attentions on the entrance and gives rise to a series of walls that spread out over the terrain. Thus one loses the horizontal feeling of the forum at the place where the platform is anchored to the ground.

Piante, prospetti e sezioni dello
stadio.

Plans, elevations and sections of the
stadium.

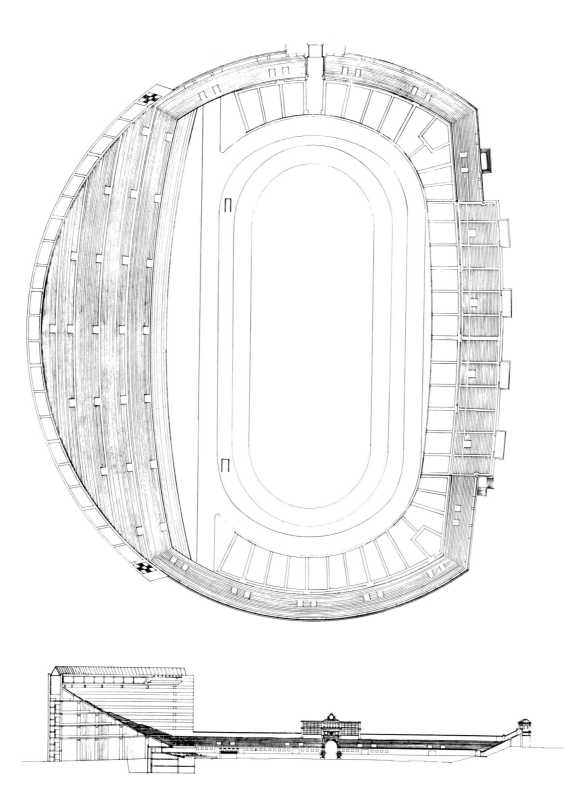

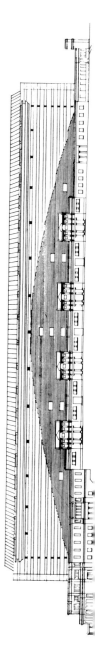

118

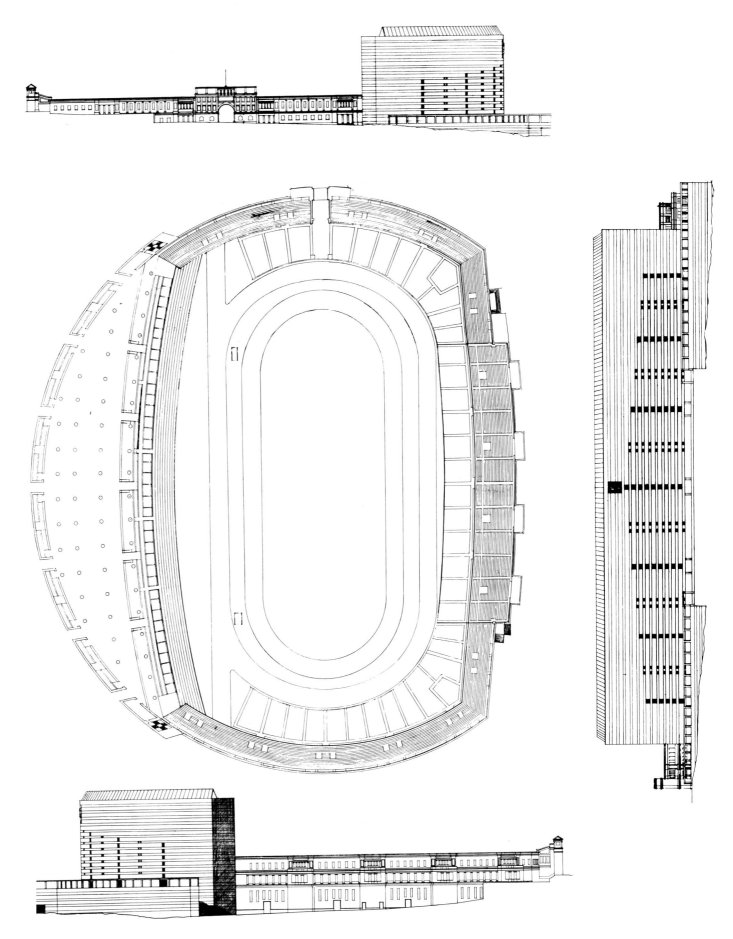

119

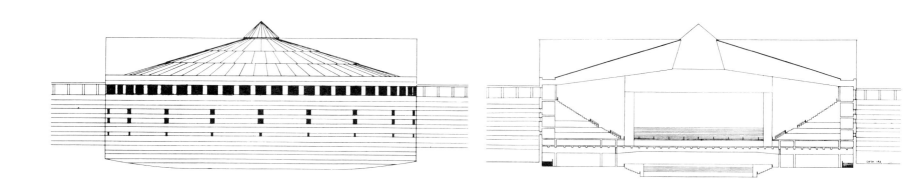

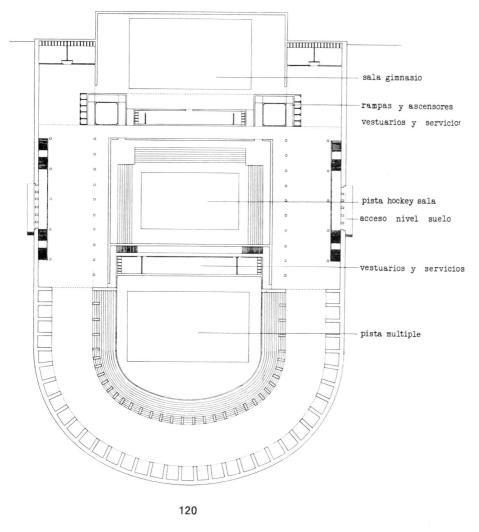

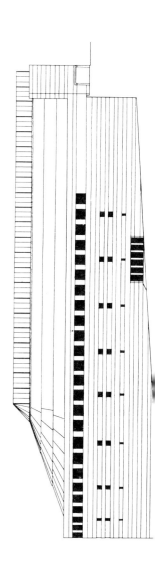

sala gimnasio

rampas y ascensores
vestuarios y servicios

pista hockey sala
acceso nivel suelo

vestuarios y servicios

pista multiple

L'altra città
Il panorama di Berlino di Arduino Cantafora, 1984

The other city
Berlin city-scape by Arduino Cantafora, 1984

Marco De Michelis

L'occasione era quella della mostra berlinese dedicata dall'IBA alla ricostruzione della città moderna, nel mese di settembre del 1984. Una sezione vi era dedicata alla città delle eterotopie, alle geometrie invisibili che organizzano i sistemi delle attrezzature metropolitane, ai flussi che percorrono le reti delle tubazioni sotterranee, agli spazi segreti delle corti, dei giardini, delle officine, sottratti alla pubblicità delle strade e delle piazze.

Rivolgere il proprio sguardo al di là delle soglie verso questi luoghi, riconoscendone la malinconica bellezza e rintracciandone le storie segrete è il sapere del flaneur. La sua narrazione assume un carattere apparentemente fittizio, poiché l'associazione degli episodi si discosta dalla sequenza conosciuta che dispone gerarchicamente gli accadimenti urbani. Qui la magnificenza pubblica non prevale sulla modestia discreta del privato, le facciate dei grandi palazzi non decorano la bellezza dello spazio della strada, le grandi piazze non ospitano i monumenti a testimonianza della storia.

Verosimiglianza e finzione costituiscono la ragione dei panorami, i grandi dipinti circolari diffusi dalla fine del settecento nelle città dell'occidente, ospitati in edifici appositamente costruiti, visitati da centinaia di migliaia di spettatori. Ne erano i soggetti le vedute delle città famose, gli scenari delle grandi battaglie, i paesaggi di terre lontane sconosciute. Usufruendo di innumerevoli artifici – orizzonti artificiali che impedivano di riconoscere i confini fisici della tela dipinta, tecniche di illuminazione che consentivano di riprodurre il ciclo quotidiano del sole, elementi tridimensionali in primo piano talvolta perfino in movimento – i panorami offrivano allo spettatore che sbucava sulla piattaforma centrale da un percorso in penombra l'emozione improvvisa della apparenza veritiera delle cose rappresentate.

Nella Berlino ottocentesca la tradizione dei panorami incrociava protagonisti e vicende della sua architettura: Schinkel autore di panorami di città italiane; la famiglia Gropius proprietaria e produttrice di questo genere di raffigurazioni. Questi erano i primi stimoli per iniziare a discutere con Arduino Cantafora la possibilità di dipingere la tela circolare dell'*Altra città*.

Si sarebbe trattato di un panorama un po' anomalo. Le dimensioni raggiungono a stento i sette metri di diametro, rendendo quindi impossibile la realizzazione di un punto di vista centrale. Al posto della piattaforma attorno alla quale il dipinto avrebbe tracciato il confine ideale ed uniforme dell'orizzonte, un ponte obbliga ad un percorso di attraversamento e quindi ad una costruzione prospettica compatibile

The occasion was that of the Berlin exhibition devoted by the IBA to the reconstruction of the modern city, in the month of September, 1984. One section of it was dedicated to the city of heterotopias, to the invisible geometries that organize the systems of metropolitan services, to the flows that run along the networks of underground tubing, to the secret spaces of courts, gardens and workshops, far from the public bustle of streets and squares.

Directing his gaze over thresholds and into these places, acknowledging their gloomy beauty and tracking down their elusive histories is the private province of the saunterer. His account takes on an apparently fictional character, since the association of episodes strays from the familiar sequence by which urban occurrences are hierarchically arranged. Here public magnificence does not take priority over the discreet modesty of the private, the facades of great buildings do not decorate the streets with their beauty, there are no great squares housing monuments to history.

Verisimilitude and make-believe formed the motive for the cycloramas, huge circular paintings that became popular in the cities of the West from the end of the 18th century onwards, housed in specially built buildings and visited by hundreds of thousands of spectators. Their subjects were views of famous cities, scenes of great battles, landscapes of distant und unfamiliar lands. Making use of innumerable devices – artificial horizons that hid the physical confines of the painted canvas from view, techniques of lighting that permitted reproduction of the daily cycle of the sun, three-dimensional objects in the foreground, sometimes even in movement – the cycloramas offered the visitors who emerged from the semi-darkness onto a central platform the unexpected illusion of the lifelike appearance of the things depicted.

In 19th-century Berlin the tradition of the cycloramas even attracted figures from its world of architecture: Schinkel designed panoramas of Italian cities; the Gropius family were owners and creators of this genre of representation. These were the first incentives that led to discussion with Arduino Cantàfora over the possibility of painting a circular picture of the *Other City*.

The cyclorama would have to be a somewhat anomalous one. Its dimensions would barely reach to a diameter of seven metres, making it impossible to create a central viewpoint. Instead of the painting describing the ideal and uniform confine of the horizon around a central platform, a bridge across the centre required a perspective construction compatible with a variety of points of view. The line of the

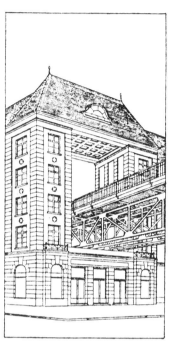

con una pluralità di punti di vista. La linea dell'orizzonte si spezza necessariamente all'entrata e alla uscita con due edifici sezionati in primo piano, di grandezza quasi naturale. Il cerchio ideale del panorama risulta in tal modo schiacciato su due lati, dilatandosi fino all'orizzonte nelle visioni laterali.

Il soggetto del dipinto, infine, non sarebbe stata la riproduzione di un luogo reale, ma la composizione di frammenti, episodi, figure sedimentate nella memoria della esperienza della città: i muri ciechi tagliafuoco, le stazioni della metropolitana sopraelevata, le corti delle case d'affitto, le fabbriche, l'acqua e la sabbia dei suoli su cui sorge Berlino.

Edifici senza volto tra i quali si affacciano frammenti della storia berlinese come la sagoma incurvata della Shell-Haus di Fahrenkamp, la cabina di trasformazione elettrica di Hans Müller, il timpano della AEG behrensiana e la cronaca recente degli edifici di Siza, di Rossi, Abraham, Kleihues, Ungers. Sullo sfondo di una strada, quasi impercettibile, è riprodotto minuziosamente il padiglione di Karl Friedrich Schinkel nel parco reale di Charlottenburg.

Il confronto con *La città analoga* dipinta nel 1973 spiega la natura di questo nuovo lavoro di Cantafora. Lì l'impianto prospettico centrale disponeva nella scena tripartita classica gli elementi dimostrativi di un progetto tendenzioso. Ciascun edificio riprodotto era immediatamente riconoscibile e doveva la propria presenza alla selezione precisa compiuta in nome di una esplicita strategia di architettura urbana.

Nel panorama berlinese la simmetria dello scenario tripartito si scompone nella virtuosistica molteplicità delle visioni possibili. La città analoga è vista dal di fuori, conosce solo il suo esterno, il quadro berlinese è contemporaneamente dominato dalla vastità compresa tra il cielo e l'acqua del canale, nella quale la città specchiandosi si raddoppia, e dalla quiete silenziosa degli interni dei cortili interrotta dalla profonda fessura che si conclude con l'episodio del padiglione schinkeliano.

La pittura di Cantafora rintraccia i punti di soglia numerosi che scandiscono i piani successivi della città. Dietro le cieche forature delle finestre prive di serramenti si celano le case; al di là dei muretti di confine delle corti altri spazi aperti sono suggeriti dal chiarore delle aperture. Lame di luce tra le case suppongono l'esistenza di strade laterali; il passaggio rumoroso dei treni sui ponti in ferro si mescola al silenzioso passeggiare sulle rive del canale. La pittura di Cantafora sembra ignorare le fratture e le ricerche delle avanguardie di questo secolo. Non già davvero le tensioni e le complessità della città moderna.

horizon was necessarily broken at the entrance and exit b two cut-away buildings in the foreground, almost life-size. A a result the ideal circle of the cyclorama would have to b squashed on two sides, extending to the horizon in the later views.

Finally, the subject of the painting was not to be the repro duction of a real place, but a composition of fragments, ep sodes and figures deposited in the memory by experience the city: blind fireproof walls, the stations of the overhea railway, the courts of rented housing, factories, the water an the sand of the ground on which Berlin stands.

Faceless buildings between which stand out fragments Berlin's history such as the curved outline of Fahrenkamp Shell-Haus, Hans Müller's electrical transformer box, th tympanum of Behrens' AEG and the more recent addition of buildings by Siza, Rossi, Abraham, Kleihues and Unger At the end of a road, almost imperceptible, the pavilion Karl Friedrich Schinkel in the royal park of Charlottenburg reproduced in minute detail.

The comparison with *The analoguous city* painted in 197 explains the nature of this new work of Cantàfora's. In th former the central perspective layout arranged in the classica tripartite scene the illustrative elements of a tendentious pro ject. Each building depicted was immediately recognizabl and owed its presence to a precise selection carried out in th name of an explicit strategy of urban architecture.

In the Berlin cyclorama the symmetry of the tripartit backdrop is broken up in the virtuoso multiplicity of possibl views. The Analoguous city is seen from outside and is awar only of its exterior, while the Berlinese picture is simulta neously dominated by the immensity comprised betwee the sky and the water of the canal in which the city is reflecte in a mirror image, and by the silent calm of the courts broke only by the deep crack which concludes in a vision of Schin kel's pavilion.

Cantàfora's painting traces out the numerous threshol points that punctuate the successive levels of the city Behind the blind openings of frameless windows are con cealed the houses; beyond the boundary walls of the court other open spaces are suggested by the glimmer of openings.

Blades of light between the houses hint at the existence o side streets; the noisy of trains over the iron bridges blend with quiet strolls along the banks of the canal. Cantàfora' painting seems to ignore the ruptures and the researches o the avant-garde in this century, but not the tensions and the complexity of the modern city.

Bozzetto e opera definitiva.

Bozzetto and finished work.

123

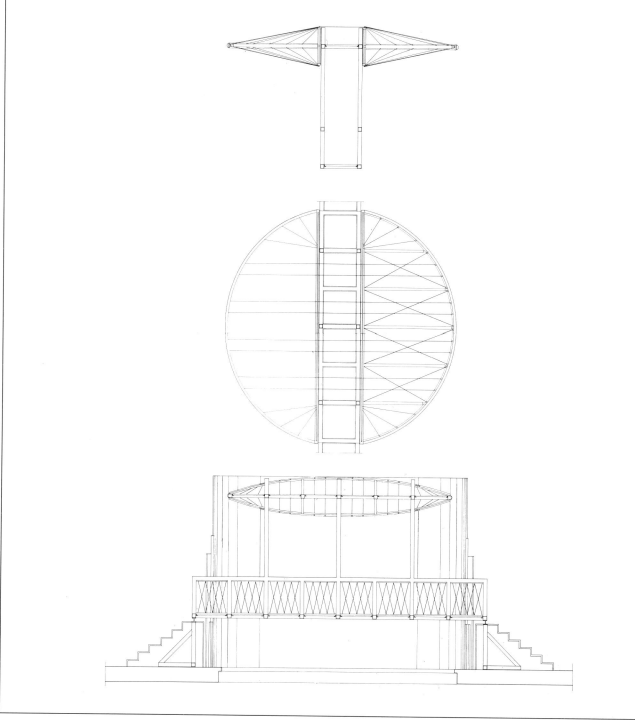

*Progetto dell'allestimento: Pierluigi
Nicolin (collaboratori: Gianluca
Mondini, Urban Thelen)*

*Project for the setting up: Pierluigi
Nicolin (collaborators: Gianluca
Mondini, Urban Thelen)*

Vedute del ponte e progetto
dell'allestimento.

Views of the bridge and project for
the setting up.

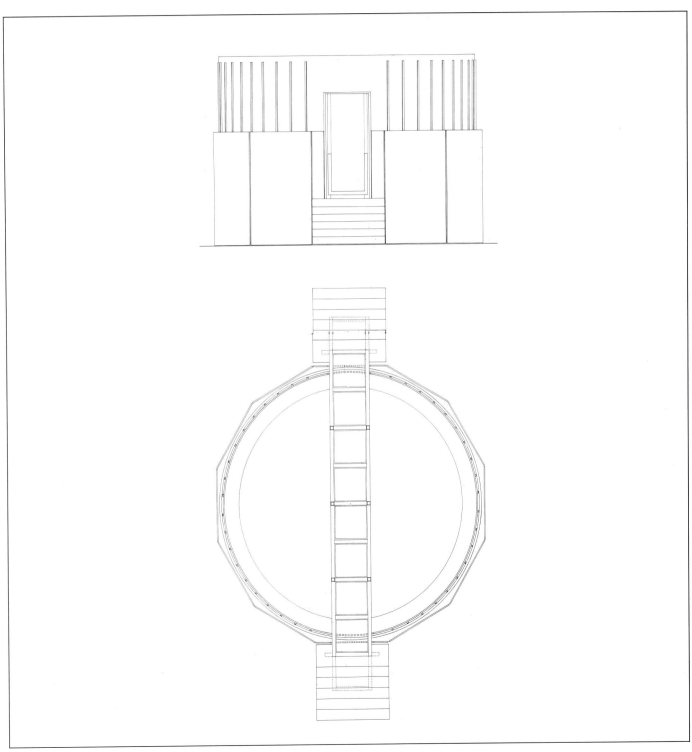

127